Günter von Hummel

Platons ‚Lieb-ido'

Ein wissenschaftlicher Roman, der in Griechenland spielt – die Entdeckung eines selbsttherapeutischen Verfahrens

Das Cover zeigt ein Acrylbild des Autors, das in den Jahren des Erstromans erstellt wurde. Es sollte die Impression eines griechischen Fischerdorfes darstellen. Land und Meer sollten jedoch ineinander so verwoben sein, wie auch Seele und Körper ineinander verschachtelt und verwoben sind und sie sich daher auch um Platon herum krümmen. Das Bild ist auch eine Parabel für die Krümmungen des Textes herum und um das, was hier mit ‚Lieb-ido' bezeichnet wird.

© 2026 Günter von Hummel
Verlag:
BoD · Books on Demand GmbH,
Überseering 33, 22297 Hamburg,
bod@bod.de
Druck:
Libri Plureos GmbH, Friedensallee 273,
22763 Hamburg
ISBN: 978-3-7347-6399-1
Lektorat F. Gfirtner, S. Möckel, München

Inhaltsverzeichnis

TEIL I.
1. Griechenlandroman Anno 1964 — 5
2. Die Platane, das Gras und die Zikaden — 52

TEIL II.
3. Griechenlandroman 2014 — 88
4. Erste Unterbrechung — 119

TEIL III.
5. Wiedererinnerung 50 Jahre später — 125
6. Kurze, zweite Unterbrechung — 154
7. κοινόσια (koinosia) — 158
8. Nachwort und Anhang — 183

1. Griechenlandroman Anno 1964

Als ich etwas über zwanzig Jahre alt war, schrieb ich einen Griechenlandroman. Der Inhalt war ohne wirklichen Tiefgang und literarische Würze. Heute würde ich sagen, es handelte sich um eine lapidare Spinnerei, um das Debüt eines literarischen Frühchens ohne großen zwischenmenschlichen Wert, obwohl es speziell darum gehen sollte. Aber schließlich hatte ich keine Ahnung, wie man ein Buch schreibt, und schon gar nicht, wie man darin an einer ernsthaften Erwachsenenthematik gerecht würde. Ich schrieb einfach drauflos. Ich wollte eine intellektuell und psychologisch angehauchte Beziehungsgeschichte aus Griechenland schildern und meine Gedanken dazu darstellen, aber die, die vielleicht skurril, irrwitzig oder abartig waren, habe ich nicht erwähnt; ein gravierender Fehler für einen modernen Roman.

Letztendlich versucht doch heutzutage jeder Autor, irgendetwas von verdrängten Vorstellungen und Wünschen mit in seinen Text hineinzubringen, um diesen mit menschlich Hintergründigem zu würzen. Am besten schreibt man Beziehungsdramen, die sich über Generationen hinweg abspielen. Doch ich hatte nur das Hier und Jetzt, das Augenblickliche der menschlichen, und vor allem der jugendlich libidinösen Partnerschaftsverhältnisse im Sinn. Nach meinem Abitur war ich für drei Wochen nach Griechenland gefahren und mit reichlich Ideen fürs Schreiben zurückgekommen. Mein Roman sollte neben den erwähnten Kontakten und Beziehungen zum anderen Geschlecht und außer allgemeinen Beschreibungen des Landes und der Menschen auch philosophische Anspielungen – insbesondere zu Platon – enthalten, er sollte so etwas Essayistisches vermitteln, nicht nur banale Handlungen, sondern auch eine Art geistvoller Träumerei.

6

Mein Hauptprotagonist war ein deutscher Linguistikstudent namens Greg, der nach einem Besuch Griechenlands dort hängen geblieben war, bis ihm schließlich das Geld ausging. Also musste er sich irgendwo verdingen. Schon diesbezüglich stellte ich ihn als hilflos und unerfahren dar. Er war dauernd auf der Suche nach jemandem, der ihm die existenziellen Sorgen erleichtern sollte, vorwiegend eine Frau. In der Hauptsache nämlich gab er sich in meinem Exzerpt den melancholisch angehauchten Stimmungen der südgriechischen, mediterranen Savanne und der Romantik in der Nähe des Piräus hin, wo es neben dem Hafen einen unbesonderen Strand und ein paar Häuser namens Phaleron gab. Kinder spielten dort, ein paar Fischer hatten ihre Boote am Kai zusammengelegt und weiter hinten gab es ein Cafenion.

Schon der Klang des Wortes Phaleron war für Greg eine Art von romantischem Gesang, von Cantilene, von sentimentalnostalgischem Sound. Der Name Εφημεριδα – Ephimerida, die Zeitung –, die außer Gregs Lieblingslektüre auch noch das Ephemere, das Flüchtige, Leichtlebige auszudrücken scheint, war wie Musik für ihn. Greg war ein Träumer, ein Hippie. Wie Jack Kerouac liebte er den Schlendrian, die Muße und das Flair cooler Gelassenheit. Er liebte das Summen der Busreifen auf dem heißen Asphalt, wenn dieser zurück in die Altstadt Athens, in die Plaka, fuhr, und genauso das der Bienen in der trockenen Macchia auf dem Pentelikon. Er liebte, das Raunen und die Geräusche der mittelmeerischen Städte, das savoir-vivre, das laissez-faire, das nihilistisch Snobistische.

Nebenbei liebte er es, ein bisschen Platon zu lesen. Er hatte am humanistischen Gymnasium Altgriechisch gelernt und glaubte, damit vor sich und anderen reüssieren zu können. Manchmal versuchte er sich vorzustellen, wie Platon am

Strand entlang wandelte und sich ohne viel gedanklichen Aufwand an die Sprüche seines Lehrers Sokrates erinnerte. Denn damals hatte man noch besondere mnestische Fähigkeiten, eine Art von ikonischem Gedächtnis, in dem alles anschaulich und ständig griffbereit gespeichert war. Aufschreiben oder gar mitstenographieren konnte Platon nämlich die Dialoge des Sokrates nicht. Den Menschen musste alles so inniglich und einprägsam erschienen sein – das war auch speziell Gregs Auffassung –, dass sie meist mühelos Heraklit oder andere Vorsokratiker rezitieren und darüber philosophieren konnten. Platon schien jedes Wort von Sokrates ikonographisch gespeichert zu haben.

Sehr tiefsinnig waren Gregs Recherchen zu Platon und dem frühen Griechenland aber nicht. Dennoch wollte er mit guten Gedanken darüber glänzen. Dies in einem Roman zu verarbeiten beinhaltete phantasmatische und vielleicht auch ein wenig warmherzige Klischees, die etliche Autoren der sechziger und siebziger Jahre sicher schon besser aufgegriffen hatten, als ich es in meinem Griechenlandepos Greg tun ließ. Trotzdem war ich selbst und nicht nur mein Hauptdarsteller Greg angetan von diesem Land und seinen angestammten Lauten und Ideen, und ich meinte, dass dies schon genügte, um etliche Seiten schreiben zu können.

Bekanntlich gab es schon zu Goethes Zeiten durch den Gelehrten J. Winckelmann eine Griechenlandeuphorie, die durch so Leute wie den Hobby-Archäologen H. Schliemann noch ins Uferlose gesteigert wurde. Panhellenistische Ideen förderten seit zweihundert Jahren eine Art Wiederauferstehung der antiken Ausdehnung und Bedeutung Griechenlands. Seit dieser Zeit pilgerten immer größere Menschenmassen auf die Akropolis, schauten zum Herodes Attikus-Theater hinunter und schwärmen heute noch zusätzlich von der

Musik Theodorakis und den kleinen Tavernen am Strand irgendeiner dieser vielen romantischen Inseln. Und so machte ich Greg zu einem ebenso schwärmerisch Ergriffenen der althellenischen Kultur, den schon eine dorische Säule oder der Pergamonaltar zu langen entzückten Betrachtungen anregte. Gar nicht zu reden von Knossos auf Kreta, wo Greg gleich drei Tage verbrachte, um jeden Stein besichtigt zu haben und an seine Besonderheit glauben zu können.

Auch J. Joyce verhehlt in seinem Ulysses nicht, dass er ein Freund der Hellenen ist, und schreibt daher: „Mein Gott, . . ist die See nicht genau das, was Algy sie nennt: eine graue liebe Mutter? . epi oinopa ponton.[1] Ach, Dedalus, die Griechen! Ich muss dir Unterricht geben. Du musst sie im Original lesen . ".[2] Auch Joyce war also sehr vom Klang der griechischen Sprache fasziniert. Denn ums Poetisch-Phonologische ging es ihm hauptsächlich, wie man von ‚Finnegans Wake', seinem letzten Werk, her weiß. Man müsse ‚Finnegans Wake' nicht verstehen, sagte er, sondern nur laut lesen. Dies empfiehlt sich auch beim Monolog Molly Blooms am Ende des Ulysses. Und speziell im Altgriechischen schwingt dieser vom Sanskrit bis zum Altdeutschen reichende tiefsonore, epische Klang mit, der zum Träumen anregt, einen aber auch wegen seiner Bedeutsamkeitsschwere ergriffen sein lässt.

---

[1] Das weingesichtige Meer, ein Ausdruck, den Homer oft verwandte und der allerdings meist mit ‚weindunkel' übersetzt wurde, was wiederum zu der Annahme führte, die Griechen hätten bei Farben nur das hell / dunkel hervorgehoben. Ausführliche wissenschaftliche Untersuchungen darüber machten W. Gladstone und G. Deutscher (Im Spiegel der Sprache, dtv, 2012)
[2] Joyce, J., Ulysses, S. 3

Greg hatte seine Liebe zu Griechenland entdeckt, schon lange bevor er einmal wirklich dort war. Er hatte Bilder der mediterranen, kargen und manchmal karstigen Landschaft gesehen, wie er sie von einem Sardinienurlaub her kannte, wo der Geruch trockener Piniennadeln und abgeblühter Thymiankräuter ähnlich betörend wirkt, und war von daher sofort begeistert. Er stellte sich auch vor, dass es schön sein müsste, als Hirte auf dem Parnass oder dem Psiloritis in Kreta Schafe zu hüten und ein von Sonne und Wind, von Sturm und Höhenluft raues, gebräuntes und verwittertes Gesicht zu haben. Hinter dieser Vorstellung versteckte sich freilich der Gedanke, dass ein solchermaßen gegerbtes und zerfurchtes Gesicht das Zeichen eines erfahrenen, allen Unbilden und Schrecken trotzenden Mannes sein müsste. Jede narbige Falte würde als Ausdruck selbst erfahrener Weisheit gelten. Nicht Platon, sondern eher Odysseus wäre eigentlich ein derartiger Held gewesen. Doch zum Zeitpunkt dieser Romangeschichte hatte sich das Ideal, das Gütezeichen eines solchen Vorbildes, noch vorwiegend den Philosophen zugewandt.

Es gab in dieser Geschichte, die ich also vor mehr als fünfzig Jahren schrieb, auch noch ganz banale Vorgänge. So einen lästigen Job als Hilfsarbeiter bei der Landvermessung, und dann war da auch noch Christine, eine Touristin, mit der Greg die Verschworenheiten und umständlichen Zugänge, die Falschphantasien und Stolperungen der Liebe teilte oder teilen musste. Hier wäre wieder Odysseus gefragt gewesen, der von Kirke über Kalypso bis zu Nausikaa und letztendlich wieder bei Penelope in allen Weisheiten, Schachzügen und Kuriositäten der Liebesleidenschaft reüssierte. Aber Greg und Christine, meine beiden Protagonisten, wirkten gekünstelt, etwas fahl, ohne emotionale Ausbrüche, wie sie heute in Film und Literatur üblich sind. Sie waren nicht unlebendig, steckten aber hinter selbstgemachten Fassaden und scheinintellektuellen Masken. Die Aussage meines Erstromans war einfach nicht tief und erschöpfend genug. Alles spielte sich in der ‚Subkultur der Zwanzigjährigen' ab, mit vielen ‚ermüdenden Passagen', unausgegoren, so wie es auch der amerikanische Erfolgsautor T. Pynchon von seinen eigenen frühen Erzählungen behauptete.[3]

Pynchon bemängelt generell an den Romanen seiner Frühzeit und auch an denen anderer Autoren die ‚Überbewertung der Jugend und die ‚Oberflächlichkeit gegenüber dem Tod. Klar, welcher Zwanzigjährige will schon ständig etwas vom Tod hören? Doch um die direkte Konfrontation mit ihm geht es ja gar nicht. Interessant ist vielmehr, wenn das Symbol, die Mächtigkeit und kalte Gelassenheit des Todes im Hintergrund eines Romans mitschwingt, wenn sozusagen jede Bewegung, jede Geste und schon gar jedes Wort von seinem tödlichen Gegengriff mitgekennzeichnet ist. Dann kommt ein Echtheitswert ins Spiel, der die Romanfiguren die Marionetten sein lässt, die sie irgendwie immer auch sind, sie aber gleichzeitig um ihre Lebendigkeit und ihr Glück kämpfen lässt. Kurz, das Leben wird durch den Tod dramatisiert und auf die Spitze getrieben – so Pynchons Stellungnahme. Solche literarischen Wichtigkeiten, die auch Pynchon erst spät erkannte, fehlten jedenfalls auch in meinem Buch.

Ebenso hatte ich vieles von den Erzählungen Cesare Paveses abgeschaut, der als junger Mann durch die Arkaden Turins oder die auswärts führenden Alleen schlenderte und mit einem Mädchen gewundene und problemschwere Gespräche führte. Eine Verschwendung das alles, eine Verschwendung von Zeit und Ideen. Man spürt in Paveses Schilderungen die umständlichen Gedankengänge, den philosophischen

---

[3] Pynchon, T., Spätzünder, Rowohlt (1994)

Anspruch oder vielleicht auch schon das literarische Oeuvre im Hintergrund und fragt sich, warum er das Mädchen nicht einfach in den Arm genommen und ihr etwas Nettes gesagt hat. So simple Annäherungen müssen ihm wohl zu plump, zu wenig kreativ erschienen sein, und so verwickelte er sich und seine Partnerin bei den Spaziergängen am Po-Fluss entlang in komplizierte Unterhaltungen. Pavese liebte das piemonteser Hügelland, in dem er seinen knabenhaften Körper, aber auch – wie eine Biographin von ihm behauptete – die Konturen seiner Mutter sich widerspiegeln sah. Er liebte diese Art von menschenbezogener, künstlerisch und landschaftlich erfasster Körper-Geometrie. Einen einsamen Weg durch die büsche-, sträucher- und baumbesetzte Natur zu gehen, war wie ein Liebesakt.

Er war also in toto selbst diese geschwungene Landschaft, und so ähnlich habe ich mir damals auch Greg vorgestellt, wenn er von Phaleron hinaus zum nächsten und übernächsten Fischerdorf wanderte. Greg glaubte an den Eros Platons in einer besonders universalen Form, die himmlische und auch sehr irdische Liebe – oder sagen wir einmal sogar hohe und niedrige Liebe – umfassend verband. Kartenspieler, Straßenhelden und die Felsen des Parnass repräsentierten für ihn das Männliche und die kühlen, gutgeformten Mädchen sowie die feinsandigen Strände der Ägäis das Weibliche, schrieb er einmal in seinem Wochenreisebuch. Das war nicht gerade eine tiefe Weltsicht. Immer wieder wollte ich Greg zeigen, wie er den Atem des Meeres beobachtete, das sich mit der schroffen Küste verband, und wie Wasser, Salz und Erde in Pavese'scher Körper-Topologie miteinander verschmolzen. Pavese hat sich später umgebracht, obwohl er mit dem Literaturpreis ‚Premio Strega' schon im Zenit des Ruhms stand. Eine letzte Liebesgeschichte zu der Schauspielerin Constance Dowling scheiterte und hat wohl das ausgelöst, was sein letztes wunderschönes Gedicht vermittelte: ‚Der Tod wird kommen und deine Augen haben'. Sehr melodramatisch, auch etwas projektiv-provozierend, misogyn, aber dennoch schön.

Auch Kerouac, der coolste aller dieser Kultfiguren, nach denen ich, wie gesagt, Greg gestalten wollte, endete früh nach kurzem, großartigem Erfolg mit seinem wild-rastlose Touren beschreibenden Buch ‚On the Road'. Immer war er als Romanheld gut drauf, in einem Schrottkarren mit einem Freund durch die Gegend streifend, rauchend, paraphrasierend. Man wollte ihn zum Beatnik-Star machen, während er selbst in Alkohol und Drogen versank. Trotzdem wird er auch heute noch als Mythos des ‚Easy Rider' gefeiert, der auch in dem gleichnamigen Film von Dennis Hopper seinen Ausdruck fand: durch die endlose Landschaft streunen, kein Ziel, sondern nur den Wind in den Haaren, den grenzenlosen Gleichmut im Kopf und im Herzen. Es ging, wie es in der Besprechung eines seiner Bücher heißt, „um ein Lebensgefühl des ständigen Unterwegsseins, der hyperaktiven Suche nach dem ultimativen Kick, der Grenzüberschreitung und Grenzerfahrung. Man stolpert von einer Kneipe in die nächste, . . geht ständig ins Kino, um sich dort experimentelle, französische Filme anzusehen, jobbt als Barmann oder Seefahrer, probiert Drogen und experimentiert mit sexuellen Erfahrungen, . . und diskutiert . . über die perfekte Künstler-Gesellschaft".[4] Wie und wann ist man Künstler?

Dazu musste ich mir keine Gedanken mehr machen, denn auf einer ganz simplen Italienfahrt wurde mir mein Manuskript dieser Griechenlandgeschichte samt Koffer aus dem Auto gestohlen. Auf Ruhm und Mythos brauchte ich nicht mehr zu

---

[4] Dietschreit, F., Kulturradio-rbb, 4. 2. 2014

hoffen. Ein paar Blätter, die ich zu Hause hatte, sind mir geblieben. Doch deswegen versuche ich gerade jetzt – fünfzig Jahre später – wenigstens ein paar bildhafte Erinnerungen an Greg, Christine und deren schablonenhafte Beziehung wachzurufen, denn die beiden sind trotz ihrer Schwierigkeiten glücklicherweise nicht frühzeitig gestorben. Sie sind in mir wieder aufgelebt, so wie Hamlet, der Prinz von Dänemark, ständig in allen Theatern der Welt wieder auflebt und so vielleicht lebendiger ist, als mancher heutige Zeitgenosse. Ich will jetzt (2014) erneut von ihnen schreiben und den Roman in einer Neufassung zu Ende bringen. Freilich wird dies, was ich jetzt schreibe, ein anderes Manuskript werden, in dem die Beziehung meiner beiden Protagonisten ein bisschen besser erklärt wird. Damals galt es noch als schön, dass man nicht wissen musste, warum, was und wie geschieht. Zumindest musste man das nicht ständig sagen. Aber in der heutigen durchpsychologisierten Welt ist das nötig.

Die erste Seite meines Frühromans begann so (dargestellt in einer anderen Schrift): Greg hatte zu Hause Streit. Ein Konflikt wegen eines erheblichen Wasserschadens. Seine Eltern wollten ihm deshalb die Reise im Sommer verbieten. Er sollte studieren und nichts sonst. Doch gerade das beflügelte seinen Abschied. Abhauen, nichts wie weg! Einen über Zwanzigjährigen noch erziehen wollen! Zuerst wollte er nach Esalen, Big Sur in Kalifornien. Encountergruppen machen, wo man zeigen musste, wie man wirklich ist, was für Größenphantasien man hat, wie man am Klo sitzt und welchen Blödsinn man träumt. Solche Preisgaben machten einen richtig high, aber nach zwei Tagen war alles wieder verflogen. Griechenland war die bessere Wahl. Er kramte sein Geld zusammen und fuhr los.

14

So elaboriert wie Pynchon mit seiner Tod-Hintergrund-These als wichtigem Kontrapunkt war ich in meinem gestohlenen Roman von 1964 nicht, und auch nicht so reif wie Dürrenmatt, der ebenfalls forderte, dass beispielsweise in einem Drama ein Punkt da sein muss, an dem die Geschichte die katastrophischst mögliche Wendung bekommt. Nur so ist garantiert, dass alle Aspekte des Lebens eingeschlossen sind, ohne dass jeder einzelne ausführlich geschildert werden muss. Im Hintergrund schwingt immer das Memento mori mit, das selbst den lieblichsten Szenen ihre Wahrheit verleiht. Doch vorerst noch einmal zwei der noch erhaltenen Seiten aus dem früheren Manuskript, als Greg schon in Griechenland war.

Schon immer kreisten Gregs Gedanken um das Reisen. Reisen, sich fortbewegen, bloß nicht an der gleichen Stelle bleiben, mal fahren, mal gehen, mal ein Boot nehmen oder einen der alten Überlandbusse besteigen, die scheppernd und quietschend über die holperigen Straßen fuhren. Auch einen einsamen Autofahrer anhalten, ob er einen nicht bis zum nächsten Ort mitnehmen könne, und ein paar griechische Worte hören. Unterwegs sein vom Horizont bis zum nächsten Horizont, eine Bergkuppe erklimmen, um den weiten Blick in die Ebenen zu haben. Weit, bloß meilenweit, bis das Auge nichts mehr sehen kann. Denn die Seele wird durch grenzenlose Weite erschaffen, die man durchstreift.

Und abends irgendwo unterkriechen, in einer Hütte, einem Verschlag, einem Heuschober, einem Fischerboot. Nur bei fremden Leuten wollte Greg nicht unterkommen, wobei er die Fremde liebte, aber ohne einigermaßen passable Sprachkenntnisse war es ihm einfach zu umständlich, eine doch wenigstens warm-verbildliche, freundlich-vertraute und unkomplizierte Kommunikation anzufangen. Lieber war es ihm, noch ein paar Vokabeln zu lernen und dabei einige Karelia-Zigarillos zu rauchen. Später, als er einen Job als Hilfsarbeiter bei der Landvermessung annehmen musste und Christine kennenlernte, war es allerdings mit dem Vagabundenleben schnell zu Ende.

Einmal freundete er sich mit einem der Busfahrer an. Er bewunderte ihn hinsichtlich seiner Stärke und Gradlinigkeit, seiner Erfahrenheit und Kameradschaftlichkeit. Freud hätte gesagt, da steckt ein wenig Homophilie mit dahinter, eine latente Männlichkeitsfreundschaft. So jemand war für Greg Vater, Freund und Mann, und das brauchte er, insbesondere in der Fremde, wo es manchmal darum ging, Gespräche in der Taverne und in Geschäften sprachlich gut und taktisch geschickt zu führen.

„Wenn du Geld schwarz wechseln willst, ich weiß, wo es einen besseren Kurs gibt".

„Und wo bekommt man Papastratos Zigaretten her, die Nr. 1, die Assos?", fragte Greg und kam sich toll vor, so fachmännisch von Mann zu Mann reden zu können.

„Komm, wir fahren nach Αλεποχωρι (Alepochori), dort kenne ich jemanden, der welche hat. Du kannst mitten in den Weinbergen sitzen und rauchen", sagte der Busfahrer. Sie fuhren hin und pafften. Sie tranken Retsina und blickten aufs dunkelblaue Meer hinaus. Die alten Gemäuer rochen nach den vergangenen Jahrhunderten und inspirierten zu einem rauen, kernigen Halunkendenken, auch ohne Worte.

Wie schon gesagt, sollte es damals mehr ein Essay sein, in dem die Personen zwar persönlich agieren konnten, kulturelle, geistige und wissenschaftliche Aspekte aber mitbedacht waren. Und so möchte ich in die Neufassung psychologische Theorien ein wenig in den Text hineinbringen. In der alten Version belaberte Greg Christine ständig mit platonischen Ideen, von denen er selbst gar nicht so viel wusste. Dieser stilistische Trick ermöglichte es aber, den Geist der Antike in eine moderne Beziehung einfließen zu lassen. Die Augen meiner Figuren spiegelten zwar nicht – wie in Paveses Gedicht – den Tod wider, aber auch kein reiches, komplexes und wichtiges Leben. Zeitweise verwickelten Greg und Christine sich in erotomane Gespräche. Auch dies geriet ihnen häufig nicht zu einem wirklichen und echten Dialog. Ich ließ Greg irgendwann von der Frau des leitenden Landvermessers Greg Avancen machen. Typ ältere Frau tastet sich an intellektuell erscheinenden jungen Mann heran. Schreckliche Kolportage, das alles. Ich dachte, dass das die Sache spannend macht. In Wirklichkeit war es ein Nebengeschehen ohne jede Bedeutung und ohne erzählerische Folgen.

Neben Platon waren für Greg auch die sogenannten Vorsokratiker sein Lieblingsthema. „Das Großartige an Heraklit sind seine Wortspiele", schrieb er in sein ‚Wochenreisebuch', wie er es nannte, „nämlich wie das vom Bogen, βιός, (bios), der das Leben, nämlich βίος (bios mit etwas anderer Betonung) bedeutet, dessen Tun aber gleichzeitig der Tod ist. Bios/Bios, Leben und tödlicher Bogenschuss. Bei Heraklit war das Feuer das Erste, was entstanden war, es konnte sich aber in alle anderen Elemente verwandeln, so auch in Wasser. Der Körper konnte Seele werden und die Seele Körper".

Für Greg war dies manchmal am Gestein abzulesen. Neben Schieferton, Obsidian und Porphyr waren es vor allem die rote eisenhaltige Erde und die Mischungen und mineralischen Zeichnungen, Einschlüsse und Trennungen, die Greg faszinierten. Darin brüteten und lebten alle heraklitischen Elemente zusammen: Feuer und Luft, Wasser und Erde. Auch Smektit, das diesen lehmartigen Geruch hat, brachte Greg zum Träumen. Auf der Straße von Paleochori in die Berge nahe von Athen wanderte er gerne stundenlang, sog die würzige Luft ein und sinnierte über den Spruch in Goethes ‚Faust' nach: „wie man wüsste, was die Welt im Innersten zusammenhält". Er versuchte stets wenigstens ein bisschen vom Boden abzuheben, und wenn es auch nur ein paar irdische Sprünge über die genannten Steine waren. Hier war für ihn Heraklit das ideale Vorbild, bis Platon und die Frauen das Spannungsfeld bios/bios für ihn wurden und es deutlicher darstellten.

Greg war wohl auch etwas übersensitiv. Eine schlecht kalkweiß getünchte Hauswand erschien ihm wie aus Marmor, nur weil sie malerisch und scheinbar antik war und im Gleissen der Sonne hell aussah und strahlte. Bücher, vor allem solche in Antiquariaten oder Second-Hand-Läden, verströmten für ihn den Geruch des absoluten Wissens, und er sammelte davon, was er konnte: Joyce, Rimbaud, Hesse, Poe, Sartre, Camus, Marcuse und hundert andere, die er oft nur an- oder quergelesen hatte, um sich ein Weltbild daraus zu bauen. Letztlich kehrte er immer wieder zu Platon, Heraklit und Homer zurück, vollgepackt mit deren Meisterbegriffen aus dem Altgriechischen, die sich für eine philosophische Spekulation so gut eignen.

Doch für einen wirklichen Durchblick der Antike fehlte ihm trotz seiner humanistischen Ausbildung noch einiges. Was er wollte, war der Wunsch, identisch zu sein mit der scheinbaren mediterranen Rauheit und Leichtigkeit, denn schließlich sah es ja so aus, als hätten die frühen Athener ständig Zeit gehabt, auf der Agora herumzustehen und sich gut und geistvoll zu unterhalten, und waren doch raue Kerle. Er wollte nach seiner Rückkehr zu Hause erzählen können, was er für intelligente Dinge erlebt hatte, dass er im Freien geschlafen und auch etwas Neugriechisch gelernt habe, und dass das Ganze somit eine große Bereicherung für sein Leben gewesen wäre.

18

Ich ließ den damaligen Roman so ausgehen, dass Greg im Anschluss an seine Zeit in Griechenland und nach seiner Trennung von Christine für eine längere Episode nach Indien fuhr. Gregs Griechenlanderfahrungen reichten mir nicht aus, es musste noch indische ‚Spiritualität' dazukommen. Es sollte alles recht geistvoll und welterfahren erscheinen. Ich schrieb fast hundert Seiten über Gregs Aufenthalt in Asien und ließ ihn so als von den dortigen Einflüssen erheblich geprägten Globetrotter aussehen. Seine in Wirklichkeit so wichtige Beziehung zu Christine verlor sich daher im Nebel aller möglichen fremdländischen Aktionen. Mein Roman brach zudem ohne ein klares Ende ab, die letzten Seiten waren ja noch nicht geschrieben.

Tatsächlich fuhr ich selbst ein paar Jahre später, also nach dem Verlust meines Manuskripts, mit Freunden im Auto von Deutschland nach Indien und Nepal – und nach ein paar Monaten fuhren wir die ganze Strecke wieder zurück. Ich wollte selbst der abenteuersuchende Hipster sein. Doch wie die vielen Hippies und Understatement-Globetrotter kam auch ich aus Asien schließlich ganz brav wieder heim. Alle wurden wir biedere Angestellte und Familienväter. Die meisten Asienfreaks waren nicht die Helden, nicht die antibürgerlichen Erneuerer, sie waren wie ich selbst noch Jugendliche, die sich mit ihren Reisen in die Ferne brüsteten, was sollte ich also anderes schreiben? Da ich die letzten Seiten gar nicht mehr geschrieben habe, kann ich heute die Geschichte so ausgehen lassen, wie sie auch für mich wirklich war: eine hilflos nostalgische Rückkehr aus dem indischen Abenteuer, was recht gut zur Psychologie sowohl meiner beiden Protagonisten, Christine und Gerg, als auch zu mir passt.

Das wirkt auch dramaturgisch besser. Denn nachdem wir uns alle doch recht außenseiterisch und welterfahren darstellten, waren wir in unserem innersten Kern kindlich geblieben und strebten ängstlich in die angestammte Heimat zurück. Das kann ich jetzt als Effekt besser nutzen, als Greg großspurig sein zu lassen, so wie ich wohl damals den Roman gerne hätte zu Ende bringen wollen. Dennoch möchte ich aus den Erinnerungen an den alten Roman auch direkt etwas Wichtiges schöpfen. Denn die Erinnerungen an das Schreiben über Griechenland bringt mir heute noch mehr Stimmung, mehr würzigen Pinien- und Fischmarktgeruch herüber, mehr Gesichter, mehr klingende Namen, als es meine schon zu Schülerzeiten gemachte und auch spätere Reisen nach Griechenland vermocht hätten.

Ich werde in diesem Kapitel noch weiter den alten Text in Form der paar gebliebenen Seiten und einiger Kommentare dazu präsentieren. Im nächsten Kapitel setze ich dies fort, füge aber stellenweise eine Seite ein, die ich erst heute (2014) geschrieben habe, aber von damals so etwa in Erinnerung habe. Natürlich wird das nicht mehr der Originalstil von damals sein, und so setze ich das Ganze im dritten Kapitel, ausschließlich in der Jetztzeit geschrieben, fort, um eben den noch nicht erstellten Schluss zu schildern und dem Roman ein anderes Gesicht zu geben, von dem ich glaube, dass es zutreffender ist. Aber wer weiß, vielleicht kommt doch wieder die alte Großspurigkeit durch.

Ich habe als Arzt noch eine psychoanalytische Ausbildung gemacht und sehe jetzt die Möglichkeit, alles nicht nur gespiegelt im Schicksal von Ödipus, sondern – wie Greg – auch in Platons Lieb-ido als einem Ausdruck für das Weibliche, das Umfassendere, in seiner Gänze zu beschreiben. Ich schreibe den Freud'schen Begriff der Libido hier mit langem ie, denn die Griechen hatten kein Wort für Sex. Eros war Leidenschaft und Genius zugleich. Eros umfasste alles, von der

Liebe bis zum dunkelsten Begehren. Zwar gibt es im Griechischen auch die Epithymia, die Begierde, das Verlangen, doch konnten sich diese Verhaltensweisen auch auf Lernbegierde und anderes beziehen.

Platons Lieb-ido muss man daher so, mit langem ie schreiben, denn sie war nicht Epithymia und auch nicht Agape, Liebe im isoliert abgehobenen Sinn. Sie war Eros, wenn auch in dem dramatischen Sinn des ‚philosophischen erotischen Wahnsinns', wie Platon es z. B. im ‚Phaidros' beschreibt. Auf diesen Begriff komme ich noch ausführlich zurück. Und wenn die Libido männlich ist, so ist die Lieb-ido weiblich oder beides zusammen. Natürlich wusste mein früherer Greg das nicht und hat sich auch nicht so ausgedrückt. Aber mein eigenes Früheres ist noch da, und Greg und Christine sind immer noch die zwei jugendlichen Hauptfiguren, und so kann ich mit ihnen noch einmal von vorn anfangen. Mit ihnen kann ich nochmals in die Jugend zurückkehren. Bevor ich jedoch Gregs Treffen mit Christine beschreibe, schildere ich noch ein paar andere Dinge.

Es sind – anfänglich – vor allem noch die Namen, die meine eigene Erinnerung beflügeln und auch Greg immer beflügelt haben. Die Hügel Athens, Hymettos, Philopappos und Lykabettos – was für klingende Vokabeln! Greg und ich – in vielen Dingen vielleicht ähnlich – mochten diese griechischen Worte und Bezeichnungen, auch solche wie Sophrosyne (besonnene Gelassenheit) und Alethaia (Wahrheit) und insbesondere Eudaimonia (Glückseligkeit). Wir mochten – so schrieb ich etwa und denke es auch heute noch – die Namen der Widersprüche, der Doppelworte, der Palindrome und gekreuzter Metaphern. Wir mochten die Musik der neugriechischen Sprache (genauso wie die des Altgriechischen), die

Wortklangbilder, die linguistischen Laute: efcharistimenos, meta ta podia, katalawenete.

Und zu all dem kam die Geschichte mit Alexis Sorbas, dem ultimativen Film der sechziger Jahre. Für den heutigen Leser ist es nicht mehr vorstellbar, dass das Zusammentreffen eines jungen Amerikaners mit der traditionalistisch grausamen und zugleich tiefromantischen Dorfgesellschaft Griechenlands solch starke Gefühle und Identifizierungen wecken konnte. Es waren vor allem die speziell für diesen Film kreierte Musik und der Tanz namens Sirtaki, die die Gemüter zur Wallung brachten. Doch diese gefühlsbetonte und seelenvolle Schlussszene passte überhaupt nicht zu dem Missgeschick und dem Sterben der Protagonisten vorher. Nach einer gemeinsam verbrachten Nacht des Amerikaners mit der Dorfschönheit beging nämlich der sich mit ihr verlobt glaubende junge Grieche Suizid, ihre dann folgende Steinigung konnte noch gerade verhindert werden, ihre Ermordung durch den Vater des jungen Griechen jedoch nicht mehr. Der Sirtaki verbreitete sich jedoch weltweit, als hätte es keine Tragödie gegeben. Wir waren Nostalgiker ohne Gefühle für den Ernst des Lebens.

Der Name Sirtaki leitet sich von Syrtos (συρτός, Volkstanz), beziehungsweise von *sirtos choros* (συρτός χορός, schleppender Tanz) ab. Auf den mir entwendeten Seiten des alten Manuskripts von 1964 hatte ich Greg darüber spekulieren lassen, ob diese Ausdrücke sich nicht für ein linguistisches Wortspiel eignen würden. Damals konnte ich noch nicht wissen, dass ich in dem 2014 geschriebenen Teil III. ein wissenschaftlich begründetes, psychologisch-meditatives Verfahren finden und beschreiben würde, das sich tatsächlich der griechischen Sprache bedient und mit Linguistik und Psychoanalyse zu tun hat. Ich werde es in den letzten Kapiteln als eine von Greg in späteren Jahren entwickelte Methode darstellen und habe darüber auch in anderen Büchern berichtet. In gewisser Weise stellt dieses Verfahren den Hauptgrund für das hier vorliegende Buch dar, das ich zum ersten Mal in eine Romanform eingebettet habe, um es nicht nur sachlich-trocken, sondern belletristisch anschaulicher zu vermitteln.

Ich werde Greg sagen lassen, dass nicht συρτός χορός sondern ein zusammengesetztes und einer bestimmten Anordnung folgendes, formelartiges Wort, nämlich κοινόσια (koinosia) eine zentrale Rolle in diesem Verfahren spielt. Das Verfahren kann aus dem Text der Kapitel 7 und 8, sowie des Anhangs selbst von jedermann erlernt und erübt werden.[5] Doch vorerst weiter mit den noch erhaltenen Seiten des Erstromans und meinen ergänzenden Kommentaren.

Als Greg nach Athen kam, hatte er schon ein paar Stationen hinter sich (so schrieb ich damals, und setze diesen alten Originaltext weiterhin in andere Schriftzeichen). Mit noch ausreichend Geld in der Tasche hatte er sich erst in Nordgriechenland herumgetrieben, um die berühmten Meteoraklöster zu sehen. War dann mit Unterbrechungen über Missolonghi und Patras bis nach Athen gekommen, wo er schließlich viel länger blieb, als er vorhatte. Greg schätzte dort die schwülen Nächte, in denen man noch um 2 Uhr nachts unter der Markise des Cafenions sitzen konnte, warmgepulst, trinkend und rauchend, dem Getriebe zusehend, wie die Menschen – als seien sie alle Clochards – übers Trottoir schlenderten: zeitungsraschelnd, genussvoll den Nachtatem einsaugend, drösig, euphorisch, mediterran. Greg liebte diese Halbweltgeräusche, auch das Klackern der hohen

---
[5] Freilich gibt es auch offizielle Einführungsabende in die Methode, die ich fachlich *Analytische Psychokatharsis* genannt habe.

Absätze irgendwelcher einsamer Frauen, die auf dem Nachhauseweg waren, illusionslos und doch erregend. Er mochte die sanften, pastell schimmernden Farben des Vormittags oben am Parthenon, wo es noch nicht so viele Touristen gab, sondern nur ein paar Arbeiter, die die alten Kapitele und Tempelsteine archäologisch passend zurecht klopfen mussten. Man konnte sich noch träumerisch im Philhellenismus verlieren.

Doch eines Tages am Kerameikos, dem Töpfermarkt der Antike, packte Greg die Hast. Es war die Hast des Jugendlichen, der trotz all seiner Coolness plötzlich die Angst hatte, etwas zu versäumen, zu vertun, zu verlieren. Da ist doch alles tot, verdorrt, gekippte Grabstelen, umwuchert von Lungenkraut und äonische, an den Schläfen hämmernde Zeit, die nicht fortschritt. Am Omoniaplatz ballten sich Hunderte von Autos zusammen und die Losverkäufer schrien aus Leibeskräften. Greg konnte die Geräusche des Lebens und die des Todes nicht mehr voneinander unterscheiden. Schrien sie jetzt aus Lust an den Turbulenzen von Mensch, Blech und Glas oder aus Panik, die Zettel ihrer Lose nicht mehr loszuwerden? Bedeuteten die lichterlohenden Farben den Sonnentod wie in Camus' "Der Fremde" oder hellenisch ockerfarbener Glanz? War das Surren des Liftes im Hotel Wohllaut der Technik oder tödliche Monotonie des Metalls? Die Platane vor dem Fenster, lichte Orientalik oder nur eine Sucht nach Exotik? Und überhaupt, die Gedankenspiele über das Einst und Jetzt, war das Wahn oder Wirklichkeit?

Aber Greg fing sich wieder. Mit Safros, einem Freund aus der Unterkunft, in der er lebte, und der ihm später auch den Job bei der Landvermessung verschaffte, fuhr er, wenn die Stimmung nicht so gut war, in dessen klapprigem Wagen nach Gliphada an den Strand. Dort florierte langsam der Tourismus und es machte sich die Schickeria breit, die Reichen und die Schönen, die

Slapstickkomödianten, wie sie schon C. Goldoni vor dreihundert Jahren in seinem Stück „Trilogie der Sommerfrische" perfekt persifliert hat. Trötende, piepsende Upper-Class-Frauen und deren sich langweilende Männer. Safros und Greg mischten sich unter sie mit dem Ausdruck größtmöglicher Verachtungslässigkeit, Bonvivants, Gigolos oder besser noch Che-Guevara-Typen. Insgeheim wollten sie natürlich doch den reichen Damen gefallen und noch mehr deren ahnungslosen Töchtern. Aber es ging nichts zusammen. Denn mit blödem Gequatsche wollten sie nicht auffallen, es sollten geistvolle Sätze sein, die die Haute Volée am Strand beim Vorbeigehen von ihnen aufschnappen sollte. Doch es fiel ihnen zu wenig ein und es schnappte niemand etwas auf.

Ohnehin hätte Greg sich nicht so schnell getraut einer Frau körperlich zu nahe zu kommen. Er hielt die Frauen für übermächtig und glaubte, sich eben mit viel Coolness davor schützen zu müssen, eine banale, wenn auch uralte Methode. „Wenn die Frauen gegen die Gewalt der Männer geschützt werden müssen, warum schützt uns niemand gegen die Überlegenheit der Frauen?" räsonierte er. „Sie sind alle wie Kirke in der Odyssee Tier-Göttinnen, die die Männer in Schweine verwandeln können, was selbst Odysseus zögern und gehemmt sein ließ".

Schade, dass ich damals zu dieser Äußerung Gregs nicht noch ein paar Betrachtungen darüber angehängt habe, dass sich Greg in der griechischen Mythologie zwar gut auskannte, aber die Situation zwischen Kirke und Odysseus nicht genau erfasst hatte. Denn Odysseus wies die Verführungen Kirkes nicht aus Angst zurück, sondern aus Taktik. Gerade dass er sich kühl und kontrolliert verhielt, hat es ihm letztendlich ermöglicht, mit ihr das Liebeslager zu teilen. Denn die, die ihren Reizen gleich verfielen, waren doch wie bei der Sphinx dem Tode geweiht, beziehungsweise wurden eben in

Schweine verwandelt, die sie in Kirkes Augen wohl tatsächlich schon von vornherein waren. Der neurotische Greg aber bestraft sich gleich selbst mit dem Tod des Begehrens, vorausgreifend.

„Man hätte selbst so etwas sein müssen wie ein universeller Mann oder ein omnipotenter Schlafwandler. Aber auch bei denen schläft ‚ein jeder nur mit seiner eine jede' wie ich es bei irgendwelchen Psychologen gelesen habe: Mann mit Frau, A mit B, das Meer mit dem Regen. Ja, das Meer mit dem Regen, aber was ist das? Letztlich nur eine Vermischung, keine wirkliche Vereinigung. Niemand hat uns beigebracht, wie wir das in der Liebe machen sollen. Eine göttliche Vereinigung kann es nur auf einem Altar geben. Aber vielleicht dahinten, in den Ruinen des Themis-Tempels, könnte es gehen. Man braucht eine Kulisse, die einen verbirgt, man braucht selbst in der freien Natur ein Chambre séparée, wo man sich selbst mit den Augen der anderen nicht sehen kann".

Mars und Venus haben es nicht leichter gehabt. Greg drehte sich eine Zigarette, rauchte, paffte und drehte sich nochmals eine. Jetzt war er wieder der Kommunarde, Alexis Sorbas oder Camus, wie er sich die Wassertropfen von der Haut perlen ließ, wenn er an der Pier von Algier in der Sonne lag. Der coole Genießer. Der sanfte Räsonierer, dessen Gedanken wie die Blätter eines Ligusterstrauchs zu Boden fielen oder die man wie einen trockenen Akaziendorn nur aufheben musste, um sich gut zu fühlen. Hätte er einen Fotoapparat gehabt, hätte er nur Bilder von lauter Nebensächlichkeiten geschossen. Er hätte einen Schuh unter der Holzbank, ein altes Fischernetz, Regentropfen auf Beton, einen verwelkten Grashalm oder einen kaputten Wasserhahn aufgenommen. Gut, vielleicht kann man damit Kunst machen, aber er hatte und wollte ja gar keinen Apparat.

Er hatte niemals fotografiert. Es war ihm zu lästig, zu umständlich, zu teuer, zu plakativ und auch zu verrückt: Glauben, man könnte mit dieser albernen Technik, die es irgendwann nicht mehr geben wird, die Welt einfangen, erschien ihm absurd. Und möglicherweise hatte er ja auch recht. Aber er machte nichts aus seinem Rechthaben. Er war Nihilist. Auch eine Frau war vor seinem Nihilismus nicht ganz gefeit, sie hätte ihm sonst ja seine Männlichkeit nehmen können, wäre sie ganz Frau gewesen.

Hauptsache – so hatte ich mir wohl damals eingeredet – habe ich Greg etwas über Mann und Frau sagen lassen, das genügte für die nächste halbe Stunde im Romanverlauf. Danach musste wieder irgendeine Aktivität her, und die hatte dann oft mit einer idyllisch gelegenen Taverne zu tun, mit der Stumpfheit seiner Arbeit oder mit einer Stelle im Text Platons, insbesondere in dessen Buch ‚Phaidros', in dem es um die Unsterblichkeit der Seele geht. Greg war sich diesbezüglich recht unsicher, ob man Platon hier ernst nehmen muss oder besser darüber spöttelt. Seltsam, wie Gregs Gedanken von der unterirdischen Kirke zur überirdischen Unsterblichkeitsthese schwingen konnten. Dazu wird mir jetzt, 2014 also, doch noch etwas Besseres einfallen, denke und hoffe ich.

Im Roman von 1964 habe ich geglaubt, dass die Schilderung der Hauptfiguren (notfalls auch nur ein oder zwei), also Gregs und Christines, nicht genügt und möglichst viele Nebenfiguren auf Nebenschauplätzen auftreten müssten. Gerade Gregs vielschichtiger Indienaufenthalt über endlose Passagen zeigte dies. Sicher sind moderne Romane heutzutage meist auch nicht viel besser. Auch in ihnen gibt es viele Nebenfiguren. Neben einem Professor und dessen biederer Ehefrau und Tochter treten oft noch ein Student, ein Blumenmädchen, zwei Polizisten, eine Prostituierte, ein paar Biedermänner und ein kaufmännischer Angestellter auf. Letzterer fängt eine Beziehung zur Frau des Professors an, der selbst wiederum die Prostituierte besucht, was einer der Polizisten mitbekommt, der dies wiederum dem Studenten erzählt, der jetzt glaubt, sich an die Tochter des Professors halten zu können und nicht an die Blumen-Verkäuferin, die dafür wieder dem zweiten Polizisten nahetritt. „Ich hasse Romane, die immer wieder diese sehr ähnlichen und völlig vergleichbaren Register ziehen. Hat irgendjemand schon einmal aus einem Roman auch nur ein kleines Stückchen Lebensweisheit holen können"? ließ ich Greg damals sagen.

Was Christine angeht, so habe ich sie als ganz unscheinbares Mädchen dargestellt, eine Touristin aus Australien, nicht gerade naiv, aber auf keinen Fall das, was Greg sich hier zusammengereimt hatte. Zudem hatte ich sie als junge Frau gezeigt, die weitgehend farblos blieb. So war das eben damals bei den ‚easy riders' und den Orientfreaks. Es ging hauptsächlich um Männersachen. Frauen wurden zwar als holde und manchmal auch eigenwillige Wesen gesehen, ihr Innerstes stand aber nicht im Vordergrund. Das möchte ich nunmehr nachholen. Nie mehr würde ich solche Zeilen schreiben, wie ich sie Greg damals zuordnete, wenn er etwas über eine Frau schrieb oder sagte. Ich schilderte Christine damals nicht nur als eine ‚Frau ohne Schatten' wie in der Oper von R. Strauß, sondern auch als eine ohne ‚Licht'. So ließ ich Greg weiter stammeln:

„Ich sehe ihre eigene Zerstückelung, dass sie vielleicht gar kein eigenes Begehren hat, sondern nur nach irgendwelchen grenzenlosen Besonderheiten strebt, oder ist sie doch nur ein schlichtes Mädchen aus der Provinz? Und doch, allerletztlich sagt sie es nicht, drückt sie es nicht, nicht, nicht und wieder nicht aus . ."

In diesem Jammerton verfing sich mein früherer Roman, was an den Philosophen E. Cioran erinnert, der schon darüber verzweifelte, dass man „einen Arm heben, aufstehen oder sich sonst bewegen muss". Er sprach oft von den „Wonnen des Todes", während das Leben nur ein ständiger Alptraum war. Auf Cioran kam auch Greg zu sprechen. In Wirklichkeit aber ging es bei Greg natürlich um die Wonnen von Liebe und Sex? Einerseits hatte er Probleme damit, andererseits inszenierte er einen Kult, mit dem er sich als jemand ganz Besonderes ausweisen wollte. Greg meinte, dass die „Wonnen des Todes" schon bei Sisyphos eine Rolle gespielt haben, wobei sich eine unsterbliche Welt auftat, wie er dachte.

Und so schrieb Greg Folgendes in sein Wochenreisebuch:

„Man muss sich Sisyphos nicht als einen ‚glücklichen Menschen vorstellen', wie dies Camus getan hat, sondern als einen lüsternen, geilen Menschen. Denn der Stein, den er ständig auf einen Hügel hochrollen muss, ist seine Lust. Oben, am Höhepunkt der Lust fällt diese natürlich wieder ab, ins Tal der Nichtigkeiten, von wo sie neu wieder aufgenommen werden muss. Nicht die Götter haben ihn dazu gezwungen, er selbst ist so sexistisch, dass er nicht anders kann. Denn der Hügel ist der mons pubis, der Venushügel, wie er auch bei Wagners Tannhäuser heißt. Sisyphos prallt dort, an dieser Stelle, an der Frau ab, und er versucht ständig wieder – als sei dies sein sexuelles Vorspiel – seinen Trieb auf den Gipfel zu schleppen".

Obwohl sich Greg hier gar nicht einmal so schlecht ausdrückt, vergisst er doch zu sagen, dass er selbst dieser Sisyphos ist. Er war selbst ein wenig sexistisch, aber über seine persönlichen und intimen Gedanken und Phantasien habe ich damals nichts geschrieben, weil es mich ja vielleicht selbst betroffen hätte. Trotzdem bleibt der Mythos – nicht nur der des Sisyphos, sondern jeder andere auch – nur ‚eine falsche

Klarheit', wie Horkheimer/Adorno in ihrem Hauptwerk ‚Dialektik der Aufklärung' geschrieben haben.[6] Überhaupt haben diese beiden Soziologen alles zunichte geredet, denn obwohl sie aufklären wollen, bescheinigen sie dem ‚Auf-', dass es schon das Unheil seiner ‚Klärung' mit sich führt und so Camus Absurdes wiederholt. Absolute Aufklärung gibt es nicht, schrieben sie. Vielleicht haben sie irgendwie recht, und ich würde sogar sagen, dass Greg und auch ich unter diesem Zwiespalt, den jedes Wort mit sich führt, zu leiden hatten. Weil in jedem Sagen das Absurde schon mitspielt, hat Camus wohl einfach empfohlen, das Absurde zu lieben und glücklich zu preisen. Das ist zwar undialektisch, aber irgendwie trotzdem gangbar.

Andererseits ist es sicher kein Fehler, von Camus' Stellungnahme aus weiterzugehen, weiter in die Richtung Freuds, der die Götter abgeschafft wissen wollte und die eigenen inneren Triebkräfte als Ursache des Sisyphos-Komplexes angesehen hat. Sisyphos ist – so könnte man vielleicht sagen – der Mensch, der in Psychoanalyse gehört, und als solcher liebt er – wenn auch nicht glücklich.[7] Das ist das ewige Thema in der Literatur. Adam und Eva haben den Anfang gemacht, aber haben sie sich überhaupt geliebt? Doch aus der vorhin geschilderten Geschichte, dass Sisyphos den Tod überlistete, bastelte Greg seine Unsterblichkeitstheorie.

---

[6] Horkheimer, M., Adorno, T., Dialektik der Aufklärung, Fischer (2003) S. 4

[7] Ich möchte hierzu M. Hampes Buch (4 Meditationen über das Glück) erwähnen. Darin plädiert die Naturwissenschaftlerin für den totalen Einsatz technischer Möglichkeiten, um glücklich zu leben. Der Philosoph jedoch für völlige Ruhe und Seelenfrieden und der Psychoanalytiker erklärt, dass es Glück überhaupt nicht gibt.

„Den Tod kann man nur in der Liebe überlisten. Der Anspruch des Menschen richtet sich nie auf die Bedürfnisse, nach denen er ruft, sondern aufs Liebesverlangen, wie Sisyphos es sich vorgestellt hat. Ihn als „einen glücklichen Menschen" zu preisen, wie Camus dies empfiehlt, nur weil er sein Schicksal, seinen Stein auf sich nimmt, selbstbestimmt, ist paradox. Dass Selbstbestimmung besser sei als auf die Götter zu vertrauen, ist äußerstenfalls nur ein Teil der Wahrheit. In letzter Instanz nämlich werden wir die Götter – oder auch nur irgendeine Art von Transzendenz – ohnehin nie ganz los. Unsere Selbstbestimmung muss wenigstens eine Wissenschaft von der Unsterblichkeit haben, also darüber, wie das Liebesverlangen, Platons 'philosophisch manischer Eros' den Tod auszutricksen versteht".

In so einem psychologischen Rahmen, der im alten Roman nur gelegentlich aufblitzte, kann ich heute die Geschichte von Greg und Christine vielleicht besser beleuchten. Ich kann sie als ein Stück Selbstanalyse sehen, und deswegen rentiert es sich, nochmals darüber zu schreiben. Heute sprechen wir nicht davon, dass jemand sich wie Sisyphos an den Göttern schuldig gemacht hat, sondern dass er an seinen unbewussten Komplexen krankt. Dass er an seinen neurotischen Einstellungen und verdrängten Symptomen scheitert und dass er genauso wie Sisyphos an einem Wiederholungszwang leidet. Unbewusst werden immer wieder die – strukturell – gleichen Fehler gemacht. Damals verstand man dieses Wiederholungsgeschehen, das Freud auch den Todestrieb nannte, eben als Strafe der Götter. Eine individuelle Seele gab es noch nicht, für deren Verfehlungen man gezielt persönlich büßen musste. Eingespannt ins himmlisch-irdische Geschehen war man ein Spielball des von den Göttern geleiteten Schicksals.

Wie gesagt ist es fraglich, welche Auffassung, die heutige, moderne, psychoanalytische oder die damalige der antiken

Göttersagen, wirklich die bessere ist. Zu den Göttern konnte man beten, man konnte ihnen Opfer bringen. Beim Psychoanalytiker muss man beichten, man muss Peinlichkeiten und Blödsinniges sagen, wenn es einem durch den Kopf geht oder man davon träumt. Die Opfergabe übernehmen heute zum Teil die Krankenkassen, aber erfreulich ist dies alles nicht. Und nicht bei allen Störungen hilft diese Art der Therapie. Vielleicht also liebte Sisyphos seinen Lust-Stein, jedoch liebte er ihn auch deswegen, weil er in ihm das Liebes-Wissen der Götter vermutete. So wie der Analysand seinem Analytiker Wissen unterstellt, Wissen um die ‚Lieb-ido', so unterstellte Sisyphos dem unerschöpflichen Eros die endgültige und geradezu durch profunde Erkenntnis geleitete Lösung seines Lebens.

Jedenfalls wollte ich in meinem Griechenlandroman von 1964 eine Liebesgeschichte dieser Art erzählen. Keine Romanze, aber handelnd von Liebe, Leidenschaft und deren intellektualisierter Betrachtung. Ich wollte, dass Greg sich mit dem griechischen Gott Eros in einer der damaligen Zeit entsprechenden, konkreten Situation auseinandersetzen sollte. Schließlich hatten die alten Griechen, wie eingangs erwähnt, kein Wort für Sex. Für sie war Eros der Liebesgott, der auch die Knabenliebe, die sinnliche Liebe und auch etwas von dem, was wir heute unter Sex verstehen, einschloss. Für die Prüden und die Asketen gab es noch den Begriff der Agape, der himmlischen Liebe, die schon ziemlich entrückt und eher ungöttlich war, wenn man das einmal so sagen darf.

Greg meinte, für ihn sei Eros die völlig gleichgefasste Liebe zur Landschaft, zur Kunst, zu den Gedanken wie auch zum anderen Geschlecht. Wandern im Taygetos-Gebirge durch die Ginster- und Kiefernwälder war für ihn das Gleiche, wie eine Frau zu lieben oder sich im Kunstgenuss zu verlieren. Liebe und Sex waren für ihn sentimental, enigmatisch und universal zugleich, weil er meinte, dies so bei Platon gelesen zu haben. Auch mit Worten irrationale Phrasen zu drechseln, gehörte zu seinem Anders-Sein-Wollen. Dahinter versteckte er seine empfindliche und verklemmte Seele, für die die Begegnung mit dem anderen Geschlecht manchmal eher angstauslösend war.

Ich hatte damals gerade Salingers „The Catcher in the Rye" gelesen. Fast möchte ich sagen, dass Greg sich anscheinend öfter so wie der sechzehnjährige Schüler Holden in diesem Buch verhalten hat. Bekanntlich streifte der besagte Jugendliche, nachdem er aus dem Schul-Internat geflogen ist, kreuz und quer durch New York. Als er in sein Hotelzimmer geht, schwatzt ihm der Liftboy eine Prostituierte auf. Doch schon bei deren ersten Gesten – wie sie rasch ihre Bluse abwirft – bekommt der Junge eher Angst als Lust, will sich herausreden, stottert und fuchtelt mit den Händen, das Geld gebend, das Ende herbeiwünschend – bloß jetzt nichts zur Wirklichkeit werden lassen! Der Liftboy und die am Ende maliziös lächelnde Hure versuchen ihn dann auch noch abzuzocken. So etwas ist Greg natürlich nicht passiert, aber als es mit Christine zu schnell ging, als sie sich ihm schon am zweiten Tag an den Hals warf, reagierte er ähnlich:

‚Hey, bist du krass', rief er, ‚lass mich die grünen Smaragde deiner Halskette sehen. Die sind ja verdammt grün, wie die dunklen Blätter der Buckleya da drüben,...' und so schwafelte er herum. Statt ihr in die Augen zu schauen, wollte er sich und sie mit seinen Lieblingsnamen, mit seinem Faible für die tropische Mittelmeerflora ablenken. Die Angst, zurückgewiesen zu werden, ließ ihn zu abenteuerlichen Tiraden Zuflucht nehmen. Und diese Angst ist nicht selten eine große männliche Angst, die schon manchen in die Homo- oder A-Sexualität getrieben hat. Aber vielleicht bot dies ja auch die Gelegenheit, zuerst einmal mehr in ein gegenseitiges Gespräch einzutauchen.

Glücklicherweise stellte ich ihn nicht immer so heftig-verschroben dar, aber er versuchte, Christine erst einmal für Brahea-Palmen, Kaktusse, Feigenbäume und anderes zu interessieren. Und natürlich Bougainvilleen, karmin- oder amaranthrote, coelinblaue und kobaltviolette. Hinsichtlich Gregs ebenso starker Vorliebe für Farben habe ich damals die Farbpalette meiner Ölfarben durchmustert. Da gab es noch das Ultramarinviolett, das Chromoxid- und Amazonitgrün und das safranfarbige Orange oder das Karmesinrote. Ein Dichter muss sich immer ein bisschen in ausgefallene Worte, seltene Namen oder Symbole hineinsteigern. Und wenn Greg sonst schon so eher als Softie dastand, sollte er neben seinen sexuellen wenigstens auch lyrische Süchte haben.

Er war natürlich kein Softie, er war ganz einfach noch nicht zur vollen Reife gelangt. Greg war nicht nur mein Alter Ego, viele Charakterzüge und Lebensereignisse stammen auch aus der Vita anderer Personen. So war neben C. Pavese beispielsweise auch der Indienfahrer P. Brunton ein Vorbild für die Studie von Gregs Psychologie. Auch Brunton hatte sich der griechischen Mythologie und Philosophie zugewandt und war ein ständiger Sucher nach erotischer Spiritualität. Nun ist eine Psychoanalyse von historischen Personen oder von Texten nicht unproblematisch, da der Betreffende ja nicht mehr seine Assoziationen beisteuern kann, die für die Aufdeckung seiner unbewussten Strebungen wichtig sind.

Trotzdem haben schon Freud und viele weitere Analytiker solche Deutungen versucht. Der Patient überträgt bekanntlich in der psychoanalytischen Therapie Bedeutungen aus früheren oder von anderswoher stammenden Beziehungen auf den Analytiker in einer positiven, libidinös gefärbten Form. Dies ermöglicht dem Therapeuten, aus dieser Übertragungsbeziehung heraus Interpretationen unbewussten psychischen Geschehens zu geben. Man spricht in diesem Zusammenhang auch von Übertragungsliebe, und da die Liebesproblematik von Greg und auch von Sisyphos nicht in einer Therapiestunde behandelt werden kann oder behandelt wurde, kann ich hier nur ein paar eigene Erfahrungen mit schriftstellerischen Eingebungen vermischen und sie als Deutung verwenden. Es gibt auch Übertragungen außerhalb des üblichen psychoanalytischen Settings, was als wilde Übertragung bezeichnet wird und ich auch – in Gegenüberstellung zu Freuds Begriff von der Ur-Verdrängung – als Ur-Übertragung bezeichne.

In meinem alten Griechenlandroman hatte ich also keine derartigen tiefen-psychologischen Überlegungen anstellen können. Deswegen verloren sich Greg und Christine im Nebel nicht sehr viel sagender Worte, ohne je zu wissen, warum. Gregs anfängliche Impotenz war nicht das Problem, später verhielt es sich eher umgekehrt, und auch Christines Anspruch auf Liebe ohne weitere deutliche Worte, war nicht schuld an ihrer oberflächlichen Beziehungsgestaltung. Es war einfach ein Mangel an Tiefenverständnis für Partnersituationen, dass ich für die beiden keinen plausiblen Fortschritt und keinen Schluss fand. Aber zugegebenermaßen: Leiden wir nicht alle mit neunzehn oder zwanzig an so einem Mangel und können nicht erklären, inwiefern eine Eifersucht durch die frühe Scheidung der Eltern mitbedingt sein kann oder gar, dass sie durch die eigene unbewusste Treulosigkeit verursacht wird? Die Treulosigkeit des Eifersüchtigen konnte ich in vielen meiner Therapien auffinden, oft versteckt in den Träumen, wenn darin die angeblich betrügende Frau beispielsweise sexuelle Praktiken mit einem anderen Mann vollführte, die eigentlich die unbewussten Phantasien des männlichen Träumers selbst waren.

Aber auch wenn tiefenpsychologische Assoziationen in meinem Roman von 1964 fehlten, in anderen romanhaften Schilderungen ähnlicher und melodramatischer Beziehungen werden Details lediglich kunstvoller und minutiöser beschrieben, wenn etwa der Hauptprotagonist sich morgens in den Spiegel schaut, die Flecken auf seiner Haut bemerkt, feinmotorisch unbeholfen nach dem silbrig gefärbten Zahnputzglas greift, dann nach der Zeitung sucht und erst nach weiteren zehn Seiten schließlich beim Frühstück sitzt, wo er über seine misslungene Ehe nachdenkt. Dazu werden gerne noch peinliche Geschichten über Seitensprünge, Perversionen oder Masturbation verfasst. Sie haben alle nicht verstanden, dass es in diesen Romanen nur um das Genießen von Idioten geht, weil sie das ‚autochthone Genießen', das Genießen des Körpers als solchem, nicht kennen.[8] Was soll man dann dazu noch sagen? Sicher war es in meinem Roman nicht besser.

Ich ließ in meinem Roman damals Greg den Gedanken äußern, dass die männliche Sexualität überhaupt etwas Misslungenes, Masturbatorisches an sich hätte. Soweit war er damals immerhin schon gekommen, wenn er spürte, dass er sich im Liebesakt im letzten Moment eigentlich von der Frau zurückzog und sich nur auf sich selbst und den eigenen Körper konzentriert erlebte. Ich schilderte Greg manchmal wie einen ungeschickten Sexualforscher, der minutiös alles registrierte, was an Empfindungen, Lauten, körperlichen Vorgängen und dabei mitwirkenden Gedanken geschah. Er hatte auch gelesen, dass viele Frauen sich das halbe Leben darüber quälen, was es denn mit der sexuellen Befriedigung auf sich hat und

---

[8] Hummel, von, G., Das autochthone Genießen (2017)

ohne selbstbefriedigende Aktivitäten nicht weiterkommen. Einerseits.

Andererseits wusste er noch nicht, dass es schon grundsätzlich keine konsistente, logische Aussage über die sexuelle Beziehung gibt und diese damit eigentlich in der kommunikativen Welt nicht existiert. Natürlich haben alle möglichen Leute, insbesondere Schriftsteller und auch Wissenschaftler, etwas über den Sex geschrieben, und praktiziert wird er auch. Aber für einen Psychoanalytiker liegen die Dinge etwas anders. Für ihn existiert in erster Linie eine Beziehung zwischen zwei (oder auch mehr) menschlichen Subjekten auf dem rein signifikanten Level, auf der intersubjektiven Ebene, wo nur Subjekt-Zeichen, die man auch – überspitzt – Wahrheits-Zeichen nennen könnte, eine Rolle spielen. Und selbstverständlich ist dann die Frage interessant: Was ist denn am Sex eigentlich wahr?

Ist es wirklich ein gegenseitiger Spaß? Ist die letztliche Wahrheit doch nur die Zeugung neuen Lebens? Ich werde Greg und Christine in meinem Folgemanuskript eine Antwort finden lassen, die vielleicht doch einer wirklichen Lösung des Problems näher kommt. Denn es muss zwischen selbstbefriedigendem und normbefriedigendem Sex auch noch etwas anderes geben. Wenn Lacan schon sagt, dass es ‚kein Geschlechtsverhältnis gibt', dann doch wegen dieser beiden nur scheinbar und nur mangelhaft befriedigenden Formen.

Doch nochmals zu den Anfängen des Romans. Niemals wäre es Greg und mir als seinem Autor eingefallen, etwas über den Liebreiz, die anmutige Stimme, die einfühlsame Seele, die vielseitigen Stimmungen und Interessen von Christine ein wenig ausführlicher zu erwähnen. Das Weibliche an Christine, dass sie eine junge Frau mit Phantasie, femininem Charme und rhetorischer Feinfühligkeit war, hatte Greg nie ventiliert. Für ihn gab es nur griechische Philosophie, die griechische Fauna, Flora und den Sex. Dabei war die Frau nicht nur ein Sexualobjekt für ihn, sondern, wie ich es schon beschrieb, ein paradoxes, schillerndes Wesen, das zwischen kleinem Mädchen und anstrengender femme fatale hin- und herschwankte. Heute sehe ich das als einen geschickten Abwehrmechanismus an, mit dem sich Greg die wirkliche Frau vom Leibe hielt. Denn so war er ja der, von dem man schreiben konnte, dass er sich die vielen seltsamen Gedanken um sie machen und die widersprüchlichen Einschätzungen verarbeiten musste.

Er war ja der Geplagte, der ewig Suchende, und die Beziehung kam ja deswegen nicht voran, weil er damit gar nicht so wirklich zurande kommen wollte. Er – so sah er es – musste sich ja ständig mit den Beziehungstheorien für andere beschäftigen. Gewiss verlassen sich viele Frauen auch darauf, dass der Mann ihre Identität für sie finden wird. Aber der Mann hat mit sich selbst zu tun, und vom masturbatorischen Moment, den er bei sich gefunden hatte, traute Greg sich ohnehin Christine nichts mitzuteilen, dabei hätte sie sicher damit gar kein Problem gehabt. Dieses Sich-Alles-Sagen, wie es sich die Achtundsechziger einst vorgenommen hatten, war mir bei Greg noch nicht eingefallen. Wir befanden uns ja auch erst im Jahr 1964.

Da sie ein paar Tage freihatten, fuhren Greg und Safros zu einer Kurzvisite nach Kreta. Die Fähre, die von Piräus ablegte, war überfüllt und schmuddelig, Touristen aus aller Welt bevölkerten das Deck, die Gänge, Restaurant, Bar und all die Winkel und Plätze, wo man sich für die Nacht eine Schlafstelle suchen musste. Es war wichtig, sich schnell mit einem Schlafsack und ein paar Dingen eine Lücke zu reservieren. Ein Bekannter von Safros erzählte von einer Deutschen, die noch einen Platz im Restaurant hatte, denn auch dort war alles ausgebucht. Es gelang Greg diesen Nischenplatz zu ergattern, den Birgit, die Deutsche, neben zwei Norwegern, einer Französin und weiß Gott welchen Leuten sonst noch, freigehalten hatte. Ja, sie hatte schon den ganzen Peloponnes bereist, jetzt nach Heraklion, Knossos und in den Süden, erzählte sie. Ja, er jobbt hier, sagte Greg und holte sich eine Portion Pommes und ein Glas Wasser. Birgit half ihm mit Weißwein aus, und alle palaverten Touristenenglisch mit eingefügten Blödeleien.[9]

Später zeigte Birgit ihm stolz ihre Kabine, die sie mit einer Freundin teilte. Es war nur eine Koje, aber zwei hatten Platz, und Greg spürte sofort das Annäherungsphantasma, als er das weiße Laken und das zerknitterte Kissen sah. Immer wieder dieser Köder des Intimen! dachte er. So bedankte er sich überschwenglich für den Platz im Restaurant und flüchtete dann zu seinem Schlafsack aufs Zwischendeck. Klar, dass überall Hektik herrschte. Die Fähre in Piräus finden, Tickets kaufen, Reservierungen machen, mit dem und jenem sprechen, vor der Überfüllung in die Bar flüchten, wo aber etliche Seekranke herumlümmelten. Also schnell einen mit in die Kabine nehmen. Greg sah noch beim Hinaufgehen, wie Birgit jetzt auch einem der Norweger ihre Koje zeigte. Einen Half-Hour-Stand hinlegen, dann wieder aufs Deck, zwei Zigaretten rauchen, dann nochmals in die Bar, nein, dazu hatte er jetzt gar keine Lust.

Die Zeit ist kostbar, es ist Urlaub, alles muss schnell mitgenommen werden, Greg verstand das. Aber er kuschelte sich in seinem Schlafsack ein und betrachtete die Wega und den Aldebaran, das Sternbild Schwan und Ursa Major sowie deutlich sichtbare Teile der

---

[9] Diese zwei Seiten habe ich aus der Erinnerung verfasst. Sie haben im Original 1964 sehr ähnlich gelautet und ich selbst hatte auf meiner Griechenlandtour erst einige Zeit vorher die gleiche Überfahrt von Piräus nach Kreta gemacht.

Milchstraße. In der klaren und kühlen Luft der Ägäis fühlte sich dies alles auch wie ein Intimkontakt an, eine prickelnde Innigkeit und die Möglichkeit, die Äonen zu zählen, die Myriaden von Raumzeiten, in denen Neutronensterne, Quasare und andere neuzeitliche, astrophysische Götter lebten. Oder handelt es sich vielleicht auch wieder nur um eine visuelle Selbstbefriedigung, dachte sich Greg noch bevor er einschlief. Und er träumte von mit Menschen vollgestopften Räumen, von Flucht über vielbefahrene Straßen und von Zärtlichkeiten mit einer Frau, die verkümmert hinter einem Zeitungskiosk hockte.

Freilich genießt man nie das wirkliche Zusammensein mit einem Anderen. Man genießt oft nur ein ständig wiederkehrendes Phantasma, also eine unbewusste Phantasie, und nicht etwas Besonderes mit einem lebendigen und ganz anderen, fremd gearteten Partner. Doch was ist das Wesentliche? Das Geschlechtsverhältnis existiert also grundsätzlich nicht, wie Lacan meinte, weil man nicht tatsächlich Echtes, Wahres und das heißt also auch Logisch-Reales davon sagen und vermitteln kann. Man kann alles Mögliche tun, sagen, denken, aber was hat es mit dem Wissen auf sich, das diesbezüglich auch der Wahrheit dient? Täuscht und belügt man sich vielleicht im Sex mehr, als je bekannt geworden ist?

Auf jeden Fall habe ich zwischen Greg und Christine nur wenig von deren eigentlichem Liebesleben beschrieben, indem dieses unbemerkt vielleicht ständig eine Bewegung aus der Vergangenheit in die Zukunft verschob, aber dabei nie die Frage aufwirft, ob man zu zweit auch für lange, lange Zeit durchs Leben gehen kann. Ich habe nur eine turbulente Szene hinter einem Tamarindenbusch (klingender Pflanzenname!) geschildert, die gestenreich, hektisch und pseudolebendig ablief. Auch spielten Farn- und Araukariengeruch eine Rolle. Greg meinte zudem, der Boden habe nach Kieselgur und bromhaltiger Erde geschmeckt. Heute würde ich so eine Szene überhaupt nicht mehr beschreiben. Ich kenne keinen Roman, in dem das gut gelungen ist. Das einzige Mal, wo es für mich authentisch war, ist die Beschreibung des ersten Intimverkehrs von W. Stoner im gleichnamigen Roman von J. Williams. Nach ein paar kurzen Bemerkungen zur intimen Umarmung, rennt nach deren Ende die frisch gebackene Ehefrau ins Bad und man hört nur noch Würge- und Kotzgeräusche. Mit der Intimität war's also – sehr dramatisch ausgedrückt – wohl nichts. Die Nobelpreisträgerin T. Morrison beschreibt sie ebenso als die Erfahrung von ‚würgenden Geräuschen und Stille'.

Überhaupt war Gregs Psychologie einfach strukturiert. Irgendwo hat er in dem alten Roman einmal geäußert, dass er wolle, man sollte die Welt mit seinen Augen sehen. Mindestens aber Christine sollte die gleichen Augen haben wie er, sollte die karstigen und sandsteinhaltigen Landschaften in ihrer Wildheit sehen, die antiken Stätten in ihrer halbverfallenen, von der Natur schon wieder umwucherten Schönheit. Und natürlich sollte sie ihn so sehen, wie er sich sah: halb Diogenes, der sich um nichts scherte, dem in seiner Lässigkeit alles egal war, Prototyp des Kynikers, wörtlich: des Hundsphilosophen, der kein System lehrt und nur mal diesen oder jenen Spruch loswird. Ganz im Gegensatz zu Pavese und seinem Gedicht vom ‚Tod, der deine Augen haben wird' war Greg der Kyniker, dessen lebendiges Auge alle anderen haben sollten.

Mit anderen Worten: Die Menschen sollten psychologisch alle bequem vergleichbar gestaltet sein. Sie sollten den griechischen Eros lieben und die Schriften Platons. Karriere, Familie und ein kleinbürgerliches Vernunftmensch-Leben sollte man nicht anstreben. „Wofür alle diese selbstausgedachten Normen lieben, das einzige, für das es sich zu leben lohnt, ist das Unsterbliche hier und jetzt, nicht das im Jenseits. Da liegt der Clou! Im Hier und Jetzt unsterblich sein, nicht dort und dann im Weiß-Gott-Wo. Schau diese Stufen an, da haben sie gesessen und dem Philoktet des Sophokles gelauscht. Und da sitzen sie heute noch. Philoktet, dieser vergrämte, verbitterte, leidende Mann, den sie unbedingt überreden wollen, mit in den Krieg nach Troja zu ziehen, ist eine unsterbliche Figur, die für heute genauso gültig ist wie damals. Ihm ergeht es wie Arjuna, dem indischen Heerführer, den der Gott Krishna.. „. Greg konnte nicht mehr aufhören, sich an den globalen Vergleichen zwischen der Antike in Ost und West zu berauschen. Er wollte eben im Damals und im Überall sein, und das jetzt und hier.

Denn nur so lässt sich etwas von diesem ‚Athanaton', wie das Unsterbliche bei Platon im Phaidros heißt, verstehen. Nach Gregs Auffassung sollte man sich den Abenteuern, der Gefahr, den Wirren und Risiken aussetzen, um auf diese Weise das Sterben zu lernen. Es sollte nicht um reale Gefahren und Risiken gehen, aber auch nicht nur um solche in der puren Phantasie. Das Sterbenlernen sollte durch Philosophie und Eros untermauert, durch Meditation, durch ‚Enstase' erfahren und durch Identifizierung erlebt sein.[10] Und Identifizieren hieß, so weit zu gehen, dass man sich wie der Seher Teiresias in eine Frau und wieder zurück verwandelt erfassen konnte. Als die Zeusgattin Hera ihn fragte, wer denn nun beim Lieben mehr genieße, Mann oder Frau, sagte Teiresias: als Frau zehnmal mehr! Prompt schlug sie ihn mit Blindheit. Solche

---

[10] Greg hatte den Ausdruck ‚Enstase' von dem Religionswissenschaftler M. Eliade entnommen. Im Gegensatz zur Ekstase, dem Außer-Sich-Sein ist ein besonderes In-Sich-Sein gemeint, ein Zustand tiefer Verinnerlichung, wie er eben durch Meditation erreicht wird.

Geschichten gefielen Greg über die Maßen, denn so fing Teiresias ja an, innerlich zu sehen, wahr-zu-sehen, sterblich-unsterblich.

Und dann folgten wieder zahlreiche Versuche, klarzulegen, dass Unsterblichkeit nicht das ist, was die Theologen so allgemein verbreiten. Greg wollte nicht angepasst sein, Anpassung war für ihn das schlimmste Wort, das es geben konnte. Aber ganz ohne wenigstens hin und wieder einen Schimmer von ihr zu verwirklichen, kommt man nur schlecht durchs Leben. Die Anpassung wird erst dann zur Zwangskrankheit, wenn man nichts anderes tut, als zu sehen, wie andere sich verhalten und denken, um sich selbst danach zu richten. Und sie kann auch dann recht negativ sein, wenn sie zur Anbiederung geworden ist, was nun sicher das Allerletzte gewesen wäre, das zu Greg gepasst hätte.

Greg konnte ein paar Strophen Altgriechisch aus der Ilias auswendig rezitieren: „Menin aede Thea, Peleiadeo Achileos (Singe, Göttin, vom Zorn des Pelaiaden Achilleus). Die Sprache klingt so pathetisch, klingt so nach altindoeuropäischen Worten, wie man sie auch im Sanskrit finden kann. Irgendwie hat oft ein einzelnes Wort einen tiefen Sinn, wenn man bedenkt, dass nur der Zorn (Menis) des Achilleus das Thema des ganzen Buches ist. Vielmehr wusste Greg nicht, aber der dunkel-sonore Klang der Sprache begeisterte ihn. Es verhielt sich wirklich so, als sprächen Menschen aus einer anderen Welt, aus dem Unbewussten, aus der Rhythmik eines verborgenen Wissens.

Im Clochardmilieu um Kolokothni, der Bronx von Athen, bei einem Glas Retsina sitzend oder am Abhang des Hymettos mit seinen Gerüchen von Eukalyptus, Macchia (Myrthe) Zitronenmelisse liegend, ließ es sich gut von Platon oder etwas von den Vorsokratikern zu lesen. Schon am Rande Athens war das Flair der Kiefern, Zypressen und anderer Koniferen zu spüren, und der herbe Duft von den Mandelhainen und den Piniennadeln am trockenen, ausgedörrten Boden zu riechen. Heute sind die Kiefernwälder wie tot, der Harzgeruch ist nicht mehr der, der er einmal war. Vor kurzem war ich selbst in Paros, dann auf Naxos und Amorgos. Viel zu viele Touristen streunen herum, die sich selbst schon überdrüssig sind, weil sie ja vorher bereits auf Rhodos waren, auf Zypern, Sizilien, Marokko, Namibia, Thailand und Bali. Die Kellner sind unfreundlich geworden, man bekommt schnell einen Wein auf den Tisch geknallt und es gibt wieder nur diese zähen Calamari: Kommt, lasst euer Geld da und haut wieder ab, denken sie. Oder verliere ich mich hier im Jammern des Ewig-Gestrigen?

Das Griechenland Erhardt Kästners, dieser melodische Gesang von „Ölberge, Weinberge", diese Stille der Klöster auf Kreta, Preveli, Amyrtos, das alles kann man nicht mehr so inbrünstig erleben und damit auch – wohl zu schwülstig überhitzt – lieben wie früher. Erhardt Kästner schilderte noch das Griechenland vor fast hundert Jahren, das total Idyllische, Rurale, fast noch Homerische der Landstraßen und Wanderwege. Da noch eine Steinmühle, ein Eselskarren, der in der Mittagshitze wartet, als wäre das nichts. Und immer wieder die Macchia und das Zirpen der Zikaden im hohen Gras. Ja, Kästner war auch so eine Vorläuferfigur für Griechenlandnostalgiker gewesen. Doch dann hat ihn die moderne Presse auch noch als wenig liebenswerten Weltkriegs-Soldaten entlarvt, er hat ein paar ungute Dinge in Kreta gemacht, und so ist das letzte Träumerische vergangen. Wie konnte man damals Griechenland so antiquiert lieben?

Ich habe das alles, als ich das alte Manuskript schrieb, nicht bedacht und deshalb selbst so romantisierende Töne verwendet. Ich habe Greg und seinen Arbeitskollegen Safros auch ein paar Wochen Urlaub durch das Land machen und sie auch ein bisschen Marihuana mitnehmen lassen, als sei dies das große Highlight des Lebens. Dabei war es doch nur spannend, weil es verboten war und als mystisches Elixier galt. Heute weitgehend legalisiert, ist es genauso irr und geistig neben der Spur wie früher. Es fördert das Globetrotter spielen und die Kumpel- und Kumpanenphase des Jugendlichen, das Bruce Chatwin oder Ginsberg Gefühl oder den Mythos des Asienfreaks.

Mit Safros auf Urlaub, Korinth, Olympia, Delphi. „Es ist", schrieb Greg „als klängen von irgendwoher die Saiten der Zimbeln, die fernen Töne von Glasharfen, Laute von Pythias Trancen. Wir lagen im Schatten von Olivenbäumen, und hörten diese metallenen, Zitherklänge von irgendwoher durch die Lorbeerbüsche, nichts als Segnungen, Verheißungen, Lieddelirien. Safros hatte mir eine Dosis Meskalin geschenkt und so flogen wird durch die Lilienfelder, durch den silberfarbenen Glanz, der von den Pappeln blinkte; stahlhelle Mondfeste waren das, ultramarin, und pyritenes Gold triefte vom Gehirn in alle Endungen des Körpers".

"Hingabe und Huldigung! Nachts schliefen wir unter freiem Himmel auf den abgeernteten Feldern, die endlos weit waren, dröhnend erfüllt vom Gezirp der Zikaden, rauchten dunkelbraune Zigarillos in die schwarze Luft, kein Wort war nötig, fast kein Gedanke. Ich liebte diesen Zustand des sprachlosen Einsseins mit dem Geknister des Strohs, dem Chlorophyll der frischen Atemzüge, dem Sternengeflimmer des Götterhimmels und den Gedanken des Freundes. Kontemplation, das hieß solange dazuliegen und warten, bis die Stille sich in der Süße eines Lautes emporhob, nein, in einer Stimmung, Stimme, die nach nirgends und überallhin verlockt. Logos, Nada, Kalma oder wie die mystischen Namen alle heißen, ist wie die Sphärenmusik des Pythagoras oder der

Sirenengesang in der Odyssee: etwas Betörendes. Es ist kein Sprechdenken, kein Verbaldenken, Nur-nach-den-Interpunktionen-Denken, ein Dehn-Denken, ein Deeeehhhnken . . „.

„Bei Methoni gab es wunderbare Strände und nördlich ein καταφύγιο άγριας, ein Naturschutzgebiet mit wilden Ginsterbüschen und Stachelholunder, mit Klippen, um in die rauschende Gischt zu springen und dem Dach einer Kapelle, wo man sich wunderbar trocknen lassen konnte. Weiter oben, in Pylos, wo der beste Surfstrand liegt, liehen wir uns zwei Bretter. Wellen und Wind waren wie gewalttätige Feinde, wie hinterlistige Verbrecher, die uns ständig umwerfen wollten, und so wurde es deutlich, dass die Natur uns immer wieder besiegen wird. Und doch nein, irgendwo, wo ein letztes Ende ist, werden wir gegen alle Gewalt gewinnen. Es gibt doch Unsterblichkeit!"

Safros war ein fanatischer Sportler, der sich - wie er sagte - „nur bewegte, wenn es zur Sache ging". Damit war Klettern, Surfen und Tauchen gemeint und . . . weiteres verriet er auch Greg nicht. Auf jeden Fall war es nicht wert, dass man einen Arm oder ein Bein nur so bewegte, also ohne heftiges Resultat. Es war ihm auch das übliche Wenden auf dem Surfbrett gegen den Wind zu kraftlos, zu lahm, und er brachte Greg daher die Power-Halse bei, bei der man das Brett andersherum, also mit dem Wind dreht ohne Schwung und Fahrt zu verlieren. Und so redete er auch: Kauderwelsch nämlich, griechisch mit englischen und von Greg erlernten deutschen Brocken. Auch beim Trinken blieb Safros seinen Grundsätzen treu und hob den Arm nur, wenn es einen gescheiten Ouzo oder Raki gab.

Greg dagegen vertrug nicht viel Alkohol und nicht nur auf Meskalin, auch auf Marihuana bekam er manchmal vorübergehende Halluzinationen. Einmal war es so, als könnte er in die Tiefe der Zeit schauen, ins Mittelalter z. B. und dort Leute sehen, die arbeiteten oder miteinander sprachen. Von dort führte eine räumliche Schicht in noch frühere Zeiten oder in andere Regionen. Und dann war es einmal so, dass die Welt nur noch aus technisch gefertigten Räumen, Hallen hinter Hallen, maschinenartiges Gelände hinter neuem maschinenartigen Gelände bestand. Sind wir eingeschlossen in immer neue Raumgestaltungen ohne zu wissen, was wir dort sollen und ohne jemals dort wieder heraus zu kommen? Und heraus wohin? Greg beschloss bei Retsina und Zigaretten zu bleiben, war aber beeindruckt von der Neuropsyche und ihren Erscheinungen – oder wie sollte man diese Erfahrungen bezeichnen? Sind wir eingesperrt in unser Gehirn, fragte sich Greg. Oder leide ich tatsächlich an einer Sucht nach immer neuen Erfahrungen, die letztendlich gar nichts Wesentliches bewirken?

Fehlt eine menschliche Dimension? Aber Nächstenliebe, immer nett sein, Karriere oder zumindest beruflichen Aufstieg erreichen, teilnehmen an dieser oberflächlichen Gesellschaft, nicht ergründen, was die Seele und ihre platonische Unsterblichkeit bedeutet – das alles erschien Greg ebenso ein Horror zu sein. Er hatte sich jetzt etwas Geld verdient und seine freie Zeit genießen erschien ihm das einzig Richtige. Vielleicht das Studium doch wieder fortsetzen, aber was sollte er dann werden? Wo braucht man Linguisten? Lieber etwas anderes studieren? Das Wichtigste war es, bei sich zu bleiben und vielleicht doch Heidegger zu lesen, dessen Buch ‚Sein und Zeit' er mit sich hatte, und den er in etwa schon verstand. Die ‚Geworfenheit ins Dasein', die Wahrheit, die bedeutete, nicht aus dem Fluss der Lethe, des Vergessens, zu trinken sondern zu erinnern, was geht, und vor allem: ‚inbegriffliches Verstehen', all dies klang ihm gut und brauchbar. ‚Inbegriffliches Verstehen' hieß doch, selbst mitten im Begriff zu sein und ihn zu erspüren, ihn ertastet zu haben, ‚begriffen' eben!

Natürlich, all das war in meinem Roman zum großen Teil erfunden. So berauschend wie bei Greg hat sich mein eigener erster Aufenthalt in Griechenland nicht abgespielt. Ich war mit einem Freund und zwei Mädchen, einem Geschwisterpaar, von Deutschland mit dem Schnellzug, also ganz unromantisch, nach Athen gefahren. Die Mädchen waren zu dieser Zeit noch nicht so liberal und aufgeschlossen, nicht so leger und mit ständigen Erosvokabeln angeturnt wie heute. Sie waren prüde, eher etwas fad und spießig, Kameradinnen, Mitreisende, nette Begleiterinnen. Intim ging da gar nichts. Wir wussten nichts Wesentliches von ihnen und sie nichts von uns. Überhaupt hatten wir keine Ahnung, worin der wirkliche Unterschied zwischen Jungen und Mädchen, zwischen Mann und Frau eigentlich liegen sollte.

Niemals wären wir auf die Idee gekommen, dass ein Mädchen von achtzehn, neunzehn Jahren vielleicht daran denken könnte, inwiefern sie durch eine Beziehung zu einem jungen Mann, ihren ‚Marktwert' erhöhen und gegenüber Freundinnen und Kolleginnen damit mehr ‚Erfolg' aufweisen würde. Wie ‚wertet' er mich ‚auf', fragen sich die jungen Mädels oft, und diese Frage hat meist noch mehr Geltung als die ‚wie ziehe ich mich an'? Ich setze die entscheidenden Begriffe in Anführungszeichen, denn sie sind mir erst viel später von Frauen vermittelt worden, wenn diese über ihre Jugendamouren sprachen. Wir Jungs dachten, sie hätten schöne Dinge im Kopf, Zärtlichkeiten und Wünsche nach Komplimenten und würden auch gerne eine Reise mitmachen, wenn diese viel Abwechslung bietet. Aber an eine reife Beziehung mit guten Gesprächen über die jeweiligen Seelenzustände, über tiefe Gefühle und Hintergründe dachten wir nicht so wie ich es gerade vorhin auch von Greg beschrieben habe. Doch auch unsere Begleiterinnen haben damals nicht viel gesagt und wohl ebenso gar nicht daran gedacht.

Mein Buchadept Greg und ich, wir waren damals nicht einmal fähig, ganz einfache emotionale, warme, gute, ehrliche, offene Gespräche mit den jungen Frauen zu führen. Bei uns hat es noch in der Schule, auch im Gymnasium bis zum Abitur, strikte Geschlechtertrennung gegeben. Mädchen waren für uns seltsame engelhafte Wesen von einem anderen Stern, was selbstverständlich nicht hieß, das man solche Geschöpfe nicht umso mehr erotisch begehren konnte. Denn mit Engeln wie mit Abhängigen war Sex verboten. Aber gerade dadurch entsteht er erst. Kein Wunder, dass ich Greg mit Christine wie Motten um das Licht kreisen lassen musste.

Auch den ‚Phaidros' hatte Greg schon in seinem humanistischen Gymnasium gelesen, hatte aber nicht viel davon verstanden. Er war genau einer derjenigen gewesen, wie sie Platon im ‚Phaidros' selbst beschreibt, indem er Sokrates auf die Leser schimpfen lässt, die mit dem Gelesenen herumprahlen, aber eigentlich nichts davon wissen. Ich habe den ‚Phaidros' erst durch die Psychoanalyse verstanden und würde heute sagen, dass man ihn erst durch Freud und Lacan überhaupt verstehen kann. Mir bleibt jetzt also nichts anderes übrig, als wieder zum ursprünglichen Griechenlandroman zurückzukehren, um diese Aspekte etwas weiter zu erhellen.

Bevor ich dabei nochmals zum ‚Phaidros' komme, drucke ich in Kapitel 2 ein paar von den Seiten ab, die mir von dem Originalroman geblieben sind, beziehungsweise, ich auch heute noch einigermaßen so rekonstruieren, wie es damals geschrieben war. Nicht alles war misslungen. Eine Schilderung von Delphi klang etwa so:

Man betritt Delphi nicht ohne Scheu. So viele Schicksale haben sich in den dortigen Tempelmauern entschieden, wenn Pythia, die mystisch-magische Priesterin, ihre Weisheitssprüche von sich gab. Dass sie Methylen- oder Schwefeldämpfe eingeatmet haben soll, die aus einer Felsspalte drangen, erinnerte Greg ganz stark an seine Versuche mit den erwähnten psychotropen Substanzen. C. Castanedas Bücher über ‚bewusstseinserweiternde' Drogen aus den Peyote-Kakteen waren damals Kult. „Man muss sich die Dinge vielleicht so vorstellen", schrieb Greg in sein Wochenbuch, „wie es M. Proust gleich eingangs in seinem Buch Combray von den Träumen schildert".

„Er schreibt dort einiges", so schrieb Greg weiter, „das ich selbst so erlebt habe. Der Nachttisch wird beim Einschlafen plötzlich zur Schulbank, die unangenehme Gefühle aufkommen lässt. Um diese abzuwehren, erfindet der nun in Gang gekommene Traum, dass die Wand des Klassenzimmers sich wie feindselig zur Schulbank verhält, doch man selbst bleibt weiterhin das Opfer dieser aggressiven Vorgänge, indem man sich wie eingezwängt zwischen Bank und Wand erlebt. Und so geht die Traum-Trance auch bei Greg weiter, die nahen Geschehnisse verbinden sich mit den fernen, die lüsternen mit den aggressiven, doch gleichzeitig ertönt in mit einmal die Stimme des Vaters, die irrigerweise sagt: ‚Du bist nicht Mona Lisa!' Nein, bin ich nicht, war ich nicht, man könnte so viel dazu sagen".

Doch Greg sagte nichts zu seinem Tagtraum. Er beließ es in meinem alten Roman oft bei den Anspielungen, obwohl man aus der Mona-Lisa die Mutter hätte heraushören können, die Lieselotte hieß, und dann hätte man schön ein bisschen Psychoanalytiker spielen können. Immerhin brachte ich auch ohne solche Präliminarien über zweihundert Seiten zustande. Ich hatte – so dachte ich – einen modernen, sanften Helden geschildert, der nicht den Weg der Angepassten, Leistungsorientierten und Weltklugen gehen wollte. Mit einem Bein stand mein Protagonist Greg in der sogenannten gesellschaftlichen Realität, verdiente sich auch mit einfachen Arbeiten sein Geld und konnte doch auch von sich sagen, dass er Linguistikstudent war, also jemand, der sich mit der Universitätslaufbahn noch identifizierte.

„Woher kommt der tiefe Sinn der Worte", überlegte er, „die zu immer mehr und mehr Bedeutungen aufwuchern, die selbst, wenn sie zu ihrer Wurzel zurückfallen, andere Richtungen einschlagen und die Menschen mit ihren Silben und Syllaben in ihren Bann ziehen, sie zu Prosa oder zu Gedichten, zu Notizen oder zu lagen Tiraden, zu Epen oder Werbespots machen? Wer ist denn wirklich frei von Vorschriften und Bürgergrammatik, von Thesen und Theorien, von auf die Stirn genagelten Botschaften und auswendig gelernten Ansichten? Ich will grenzenlos frei sein, aber man muss aufpassen, dass man nicht dumm dabei wird. Nur das hinter den Worten liegende Rätsel-Wort und das wieder hinter diesem Rätsel-Wort liegende, schwelende, zu ahnende muss man finden".

Greg solche Sachen sagen zu lassen, machte mir großen Spaß. Ich war Monate gut beschäftigt. Ich streifte mit ihm durch die Altphilologie, in der ich schulisch immer schlecht gewesen war und auch in dem Roman nicht besonders brillieren konnte. Aber es war doch immer animierend gewesen, zu sehen wie weit die Menschen in der Antike schon gekommen waren, dass wir ihnen überhaupt nicht überlegen sind. Nein, im Gegenteil: man konnte denken, dass sie würdiger, in noch ursprünglichster Natur, mit dem Faszinosum der Neugier ausgestattet, anmutiger und geistvoller lebten als wir heute. Zumindest müssen wir uns anstrengen, das hohe Niveau von früher zu halten. Wir täuschen uns vielleicht in unserem digital-elektronischen Fortschrittsvisionen über die wahren ‚connections of bits und bytes'.

Alle Information, Kommunikation und Digitalisierung nützt nichts, wenn sie nur der Vermittlung von Zeichen dient. Wichtig ist nicht, dass ein Subjekt sich mit einem anderen Subjekt austauscht, sondern sie sich gegenseitig enthüllen, sich etwas eingestehen, delirierte Greg, und spürte, dumpf im Hintergrund den Gedanken ahnend, dass er keinen wirklichen Halt im Leben hatte, dass er nicht wusste, wo, mit wem und wofür er auf der Welt bleiben sollte. Er fing an sich zu bemitleiden und wieder die schrecklichen Vorstellungen zu haben, wie ein verlorener und verunglückter Sohn dahin zurückkehren zu müssen, von wo aus er in die Freiheit geflohen war.

2. Die Platane, das Gras und die Zikaden

Nach einer Zeit der Hilflosigkeit verschaffte Safros, wie erwähnt, Greg eine Stelle bei den Landvermessern. Es war auch nur eine Hilfstätigkeit, aber man kam wenigstens im Land herum. Weiterhin also einige Seiten aus dem neu ergänzten, früheren Roman.

Der kleine Trupp von Landvermessern fuhr zuerst in die Gegend von Korinth. Genau gesagt nach Xilokeriza, einer kleinen, unbesonderen Ortschaft. Die ganze Gegend war ziemlich zersiedelt: schlichte Häuser, halb zerfallene Gehöfte, viele unasphaltierte Straßen, und die waren es wohl, die vermessen werden sollten. Wenn Greg und die anderen mit der Arbeit fertig waren, floh er einen kleinen Hügel hinauf, wo ein paar Ginsterbüsche standen, umwuchert von Zichorien und Lauch. Ein Feigenbaum stand dort und natürlich Olivenbäume. Alte, knorrige, windverwundene Stämme und verknorpelte, eckig verkrümmte Äste. Gregs Lieblingsszenarium. Dort konnte man sich hinlegen, so wie es wahrscheinlich vor ein paar tausend Jahren die alten Hellenen auch getan haben. Hirten, Viehtreiber, umgürtet mit einem Ziegenfell und Sandalen aus dem gleichen Leder.

Kaum schloss Greg die Augen, sah er sie auch schon auf den schlechten Feldwegen dahinwandern und hörte sie von Menelaos und Agamemnon schwatzen. Oder es fielen ihm die ständig gleichen Sätze von Xenophon ein, als die Griechen unter Kyros bis nach Persien marschierten: ‚Enteuthen pareuesthan parasanggas treis‘, von da an marschierten sie drei Parasangen, das waren fünfzehn Kilometer. Wieder zurück am Schwarzen Meer jubelten sie: ‚Thalatta, Thalatta‘, das Meer, das Meer, die nahe Heimat – Greg hallte dieser Freudenruf noch lange nach. Endlich wieder das Meer sehen und bald zu Hause sein. Greg war eigentlich aufgebrochen, um noch weiter als bis Griechenland zu kommen, aber jetzt fragte er sich immer wieder, ob er nicht doch nach Hause zurücktrampen sollte. Studieren wäre vielleicht doch nicht so schlecht. Nur der Zivilisationstrott war so störend. Der Behördenkram, dahin, dorthin zum Kurs, dahin, dorthin zur Lesehalle oder zum Seminar. Hier roch es nach trockenem Gras und die Grillen sangen ihr Konzert dazu. Hier roch es nach ockriger Erde. Hier roch es nach sinnlichen Geheimnissen. Natürlich war ein Buch von Foucault, von Marcuse oder von Heidegger auch eine Lust. Es wurde einem etwas klar und zudem konnte man damit in einen leichten Höhenflug geraten.

Doch überhaupt, all das erinnerte Greg wieder an den ‚Phaidros', an Sokrates Dialog über das Wesen der Seele. Als Sokrates den um einiges jüngeren Phaidros auf einem Hügel außerhalb Athens traf, setzten sie sich unter eine breite schattenspendende Platane. Beide schwärmten von deren Blättern und von dem Gras (ta poa), das sie das Herrlichste nannten, was es gibt, um sich am sanften Abhang hinzulegen. Und schließlich kamen sie noch auf den Chor der mittelmeerischen Zikaden zu sprechen und lobten den Wohlgeruch (euodes) und das kühlende Wasser des vorbeiströmenden Baches. Und dann fingen sie an vom Eros und vom ‚göttlichen Wahnsinn' zu reden, von dieser philosophisch-erotischen Manie (mania), in die man so oft es geht eintauchen muss, um die ganze Wahrheit zu wissen.

Die Phaidros-Geschichte war ein gefundenes Fressen für Greg, aber die folgenden Seiten dieser Geschichte von 1964 fehlen mir wieder. Ich erinnere mich gut daran, dass ich damals Greg nicht viel Weiteres zum Phaidros einfallen ließ. Ein paar Bemerkungen zu den vier Formen der gerade zitierten Manie standen im Text. Dazu muss man gleich zu Anfang sagen, dass der griechische Begriff der Mania nicht krankhaften Wahnsinn bezeichnet, sondern eine Art geistiger Erregtheit. Die einfachste Form war die prophetisch-erotische

Mania, der sich Hellseher und Wahrsager bedienten. Sodann gab es die kathartische, selbstheilerische Erotik und als Drittes die musisch-dichterische. Erst die vierte Form, die philosophisch-erotische Mania, der ‚göttliche Wahnsinn', galt Platon bzw. Sokrates als die wesentlichste Form dieser geistigen Erregtheit. Kombiniert mit ihr konnten auch die einfacheren Manien zu Höchstformen auflaufen. So konnte der Hellseher zum wertvollen Propheten werden, doch der Philosoph war von vornherein dafür bestimmt, der beste manisch-erotisch gefärbte Weisheitslehrer zu sein.

Die platonische Mania ist also keine Verrücktheit, auch wenn sie oft mit dem oben genannten Begriff des ‚göttlichen Wahnsinns' übersetzt wird. Man könnte sie modern eine Hyperthymie nennen, einen seelisch ständig leicht angeregten Zustand. In vielen Ländern der Dritten Welt kann man Menschen mit dieser Begabung finden. Sie sind arm, aber glücklich, heißt es dann, wenn man Yogis, Sadhus und andere, einfach ‚spirituell' verzückte Menschen beobachtet. Im Mittelalter befanden sich auch bei uns Mystiker und Nonnen in solch submanischen Verfassungen, die oft auch über die Grenzen des gesund hyperthymischen hinausgingen. Wir haben heute mit unserer Überrationalität die Fähigkeit zu derartigen Zuständen verloren und halten sie eher für krankhaft. T. Melle schrieb über seine manisch-depressive Krankheit und auch darüber, dass sub- oder hypomanische Zustände sich deutlich von den wirklich zerstörerischen Kräften einer echten Manie unterscheiden.[11]

Kaum ein Philosoph hat es später gewagt, eine so ‚lieb-idinös' gefärbt Weisheitslehre – und das hieß damals auch Wissenschaft – zu lehren. Wie angekündigt schreibe ich den Freud'schen Begriff der Libido mit langem ie, denn letztlich

---

[11] Melle, T., Die Welt im Rücken, rowohlt (2016)

ist die Libido der Psychoanalyse keine Manie, sondern eine Sexualenergie. Aber bei Platon ist der philosophische Eros recht gut mit einer derartigen Wortschöpfung, besser: Wortspiel, in Einklang zu bringen. Denn im Gegensatz zu Freud damals und zu meinem Greg-Ich will ich heute, im Jahr 2014, den Zusammenhang der griechischen Antike und meines diesbezüglichen Romans mit der Freudschen oder Lacanschen umfassenderen Nomenklatur verbinden. Zweifelsohne waren Freud und Lacan und mit ihnen noch einige andere Psychoanalytiker philosophisch-erotische Maniker, auch wenn sie sich lieber mit den Hysterikern verglichen. „Ich bin ein perfekter Hysteriker", meinte Lacan einmal, „einer ohne Symptome".

Vielleicht war ich selbst so ein Hysteriker und ging deswegen in eine psychoanalytische Ausbildung. Auch wenn man sich als angehender Analytiker für gesund hält, wird man in der Lehranalyse auf der Couch seine neurotischen Teile kennenlernen. Ohne ein derartiges Verfahren der Behandlung, kann man später nicht andere behandeln. In meinem Roman kamen Gregs Symptome nicht so richtig zum Vorschein, ich schilderte sie eher – wie schon eingangs erwähnt – als Markenzeichen des coolen, schlacksigen und versponnenen Hipsters. Greg hatte leicht feminisierte Züge, wenn er sich auch als nihilistischer Powerboy aufspielte, und ich konnte damals bei mir nicht klar erkennen, dass ich ihn vielleicht auch zu einem Teil mit dem weiblichen Geschlecht identifiziert darstellte, was typisch für die Hysterie ist. Obwohl bis heute niemand weiß, was das weibliche Begehren im Freudschen Sinne wirklich sein sollte, liegt es dieser Identifizierung bei der Hysterie zugrunde. Es handelt sich, wie die englische Psychoanalytikerin J. Reviere sagte, um eine Art der ‚Maskerade'. ‚Maskerade' dort, wo bei den Männern eher eine

„Parade", ein sich „Aufmandeln" – wie man in Bayern sagt – vorherrschend ist. Sehr umfassend gesagt ist dies aber nicht.

Als Greg in Epidauros ankam, lief er sofort zum Amphitheater. Die prachtvolle Rotunde lag einsam, völlig verlassen, in den letzten Strahlen eines blassrötlichen Abendlichts, und Greg stieg sofort etliche der über zweitausend Jahre alten Stufen hinauf, setzte sich und fiel fast in Trance. Da unten standen sie, die Akteure, Männer auch in Frauenkleidern, farbig, stattlich, Praxitelesfiguren. Als er noch ein paar Stufen nach ganz oben ging, sah er eine junge Frau, sein Alter etwa, am Rande sitzen und ebenso hinunterschauen, wenn wahrscheinlich auch ohne Trance. Es blieb nichts anderes übrig als ein paar Worte zu wechseln.

„Hören Sie auch die Verse von Sophokles da heraufströnen", scherzte Greg.

„Unfortunately, no, leider nein", entgegnete die – wie sich herausstellte – australische Touristin, rötlich-blond, leidlich attraktiv.

„Ich werde es Ihnen zeigen", sagte Greg und versuchte sein bestes Englisch. „You'll be amazed, Sie werden staunen, wie gut und deutlich Sie die Worte hören werden, die ich da unten mit normaler Stimme spreche".

Dann hastete er hinunter, stellte sich breitbeinig auf und rezitierte den Anfang der Odyssee: ‚Andra moi ennepe mousa, polytropon hos mala pola'. Klangvoll, pathetisch, antik gräcophon. Auch noch eine zweite Strophe kannte er, und jeder, der diese Sprache sonor vorgetragen zum ersten Mal hört, wird fasziniert sein. Christine, die Touristin, war entzückt, klatschte, und so setzten sie sich nochmals zusammen. Besser konnte es für Greg nicht laufen. Er zog sämtliche altgriechischen Register, die es gab, Poesie, Politologie, Phonologie und natürlich Linguistik, insoweit alle diese Disziplinen um Homer, Platon und die anderen Dichter und Philosophen nicht herumkommen. Für Greg ein Heimspiel, sozusagen. Und wo er noch gerade vorhin beim Gesang des Chors von Euripides Bacchen geträumt hatte, sah er sich jetzt schon mit Christine in den Macchiabüschen, hinter dem Niembaum oder auf dem Nadelboden einer Aleppokiefer liegen.

Doch im nächsten Moment hatte er sich wieder gefangen, machte seiner neuen Freundin ein kleines Kompliment und schlug vor, unten ins Museumscafé zu gehen, das noch offen war.

„Wir könnten einen türkischen Kaffee trinken und über die altgriechischen Tragödien reden", sagte Greg.

Christine konnte ein paar Worte deutsch, „alles klar", sagte sie, aber im Wesentlichen mussten sie englisch sprechen: „But wouldn't it be better to make a comedy out of it?"

Was meinte sie? Gleich Spaß haben? Greg kam seine Linguistik zu Hilfe, denn Englisch muss man bei so einem Studium schon ein bisschen beherrschen. Dennoch war das Parlieren nicht einfach, und so hatte Greg schon nach einer halben Stunde das Gefühl, dass – wenn es mit den Macchiabüschen im Moment nicht sinnvoll war und er nicht wusste, wie er der ‚comedy' entsprechen könnte, er lieber gehen sollte. Damit konnte er auch erreichen, dass er wieder der über allem stehende Gleichgültige war, der nonchalante cavaliero, für den es in allen Sprachen einen Namen gibt (aber im Spanischen klingt er am besten).

War er verliebt? Hatte ihn so schnell ein kleines Feuer erfasst? Für so etwas hätte er jetzt mehr Freiheit gebraucht. Diese idiotische Arbeit, dachte er. Sollte er sich krankmelden, um Zeit zu haben? Aber die Örtlichkeiten waren zu klein, zu persönlich, zu eng. Er hätte in der Pension bleiben müssen, in der die Landvermesser untergebracht waren. Das Einzige, was möglich war, bestand darin, die Arbeit grundsätzlich früher zu beenden. Gute zwei bis drei Wochen waren noch vorgesehen, aber er konnte früher gehen und auf Bezahlung verzichten. Ja, das würde er tun, beschloss Greg. Es ging ihm nicht um die absolute, grenzenlose Freiheit, es ging – so formulierte er es für sich – um die Disponierbarkeit. Man muss im Leben immer ideal disponieren können, das wäre im Grunde genommen die perfekte Freiheit. Und Greg phantasierte sich die Situationen aus, wie man sie disponibel genug gestalten könnte und damit mehr als nur frei wäre.

Greg hatte damals noch nicht erkannt, dass zu viele Phantasien eigentlich das Glück nur stören. Phantasien waren ihm noch heilig. Er liebte es auch, sich ihnen in Ruhe und Zurückgezogenheit hingeben zu können. Bloß nicht in Smalltalk, in oberflächlichste Konversation verfallen, dachte er sich, denn das ist die schlimmste Art, sein Leben zu vertrödeln. Sich in ein Feld von Kammgras, Wiesenfuchsschwanz, Lieschgras und Rispen aller Art fallen zu lassen, als sei er in einer afrikanischen Savanne oder einer asiatischen Steppe, war ihm das Liebste und ein Inbegriff von Freiheit. Davon konnte ihn selbst Christine anfänglich nicht ganz abhalten.

Die Geschichte mit Christine nahm dann – wie ja schon berichtet – noch ein paar Wochen weiter ihren Verlauf. Christine blieb zuerst die Tage in Epidauros, die Greg dort zu tun hatte, so dass sie sich an vielen Tagen und Abenden treffen konnten. Doch sie begegneten sich anfangs nie richtig, oder besser, und so, wie es ganz schlaue Psychologen oft sagen, sie begegneten sich, aber trafen sich nie richtig, trafen nie richtig aufeinander. Ich glaubte damals, ich müsste möglichst amouröse Szenen beschreiben, authentische, literarisch sublime, verbrämt in dem Stil, den ich schon oben bei Montherlant und anderen Existenzialisten abgeschaut hatte. Schließlich brachte ich ein paar Schilderungen zusammen, in denen sich die beiden bestens verstanden, weil sie über eine Party der Landvermesser spotten konnten oder sich über die ungeschickten Bemerkungen anderer Touristen amüsierten. Erst später wurde es authentisch.

Die Beschreibungen des Liebeslebens von Greg und Christine fielen so aus, als fände es in einer Parallelwelt statt. Allzu direkte Sexszenen fand ich grauenhaft. Ich umschrieb Derartiges mit gängigen, glättenden Floskeln wie ‚intim werden' oder ‚körperlich vereinen'. Auf jeden Fall keine Details. Ich wusste damals schon, dass es einen Preis für die dümmste literarische Beschreibung von Sex mit gleichzeitigem hohem Fremdschämeffekt gibt. Denn einen solchen hätte ich wahrscheinlich erhalten, hätte ich in meinem Griechenlandroman 1964 intimere, körperbezogene und real-sexuelle Vorgänge beschrieben. Ich ahnte damals nicht im Geringsten, dass es, wie schon erwähnt und von Lacan behauptet, ein Geschlechtsverhältnis gar nicht gibt. Beziehungsweise, ich hätte es damals nicht verstanden oder nicht verstehen wollen.

Es gab dieses Geschlechtsverhältnis zwar ausgeprägt in Gregs Kopf und zudem phantasiereich. Aber irgendwie hielt ich ihn aus zu direkten und plump zudringlichen Vorgängen in den Schilderungen des Liebeslebens heraus, so als hätten er und ich doch schon gespürt, dass es hierbei um etwas Inexistentes, nicht wirklich Fassbares geht. Es geschieht etwas beim Liebemachen, das einer anderen Welt angehört. Was dagegen in Christines Kopf vorging, schilderte ich eben fast überhaupt nicht. Dabei wäre dies doch am interessantesten gewesen. Christine war in ihrem Heimatland Australien nämlich Krankenpflegerin, sie hing sehr an ihrer Herkunftsfamilie, liebte Kleider und Kunst und sie glaubte – freilich mit gewissen Einschränkungen – auch ein wenig an die Unsterblichkeit der Seele. Sie war nicht religiös, aber als ihre Eltern frühzeitig starben, stand sie auf der Terrasse ihres

Hauses am Stadtrand von Sydney und hörte in sich eine Stimme sagen: „Du bist nicht allein". Was sollte das heißen, wie kam so etwas zustande?

„Du bist nicht allein" war nicht nur tröstend gemeint. Es war auch irgendwie entrückend. Für Christine war diese Frage gar nicht so akut, bewegend oder paradox. Sie machte manchmal so eine Erfahrung, dass Gedanken fast wie ein Stimme klangen. Solche Stimmen waren – so fand sie – der Ausdruck all der Menschen, die sie bisher gepflegt, gekannt oder sogar von denen sie gelesen und gehört hatte. Da war die Stimme der Brontë-Schwestern oder die von Jane Austen, von der sie glaubte, sie habe eine Zeit lang auch in Australien gelebt, und deren Bücher sie viel gelesen hatte. Und da war natürlich auch die Stimme ihrer Verwandten, ihre Mutter und älteren Schwester.

„Sie sprechen nicht aus dem Totenreich", meinte Christine, „sie sprechen aus meinen Erinnerungen, wenn auch irgendwie verfremdet".

„Das klingt ja wie bei der Johanna von Orleans", meinte Greg.

So musste es irgendwann einmal kommen, dass Gerg und Christine – als sie einmal wieder in der Nähe des Tamarindenbusches lagen über die Unsterblichkeit der Seele redeten. Denn Greg wollte natürlich mit seiner Platon-Lektüre brillieren. ‚Phaidros' war ein besonderer Schüler des Sokrates, er kommt auch im ‚Gastmahl' vor. Und so sagte Greg Folgendes:

„Man hat den Text des ‚Phaidros' an seiner entscheidenden Stelle falsch übersetzt. ‚Psyche pasa athanaton' hat man mit ‚Jede Seele ist unsterblich' wiedergegeben. Aber ‚pan', ‚pasa' heißt auch ‚ganz', ‚alles' ‚in Gänze'. Als Ganzes ist die Seele unsterblich, in ihrer Gänze, in ihrer Allheit. Bei den alten Griechen gab es keine individuelle, ichbezogene Seele. Die Seele war etwas Übergeordnetes, so wie bei den Buddhisten, die vom ‚Überselbst' sprechen, um das Wort Gott zu vermeiden. Die Psyche ist in ihrer Gänze unsterblich und jeder kann daran teilhaben", schloss Greg seinen Kommentar zu Christines Äußerung über die Unsterblichkeit.

„Nun gut, then I could participate, dann habe ich eben Teil daran, indem ich diese Stimmen höre", entgegnete Christine.

„Aber wenn es viele Stimmen sind", meinte Greg, „dann wird es problematisch".

„Wieso", entgegnete Christine wieder, „wenn es nur eine ist, dann wird es schnell nur die of my mother, meiner Mutter".

Ihrer Mutter? Da war es wieder, was Greg beunruhigte. Ist ihr ihre Mutter bedrohlich nahe? Ist sie von ihr abhängig? Geht es um die Vertracktheit einer Mutter-Tochter-Beziehung?

Ich hätte ihn viel mehr Bezug nehmen lassen müssen auf das, was in Christine vorging. Aber ich tat dies bei den Mädchen, die ich damals kannte, ja selber nicht. Ich hätte Greg darüber sinnieren lassen müssen: Hat sie den Tod ihrer Mutter überhaupt nicht verarbeitet, indem sie deren Stimme hörte? War sie nun von ihrer Mutter, von ihrem Vorbild, abhängig oder nicht? Hat sie vielleicht schon an ihre ältere Schwester zu Hause geschrieben, dass sie in Griechenland einen Studenten kennengelernt hat, der als Landvermesser jobbt, und was sie von ihm hält? Hätte sie ihn vielleicht am liebsten gleich ihrer restlichen Familie vorgestellt? Nicht, dass mir in meinen frühen Jahren grundsätzlich solche Gedanken fremd gewesen wären. Aber ich hätte sie nie mit jemandem kommuniziert und wohl deswegen auch Greg nicht in den Mund gelegt.

Meine damaligen Freunde und ich haben mit unseren Eroberungen geprahlt, aber eventuelle nachfragende Gedanken haben wir verdrängt. Die Mädchen, die wir kannten, haben wir nie unseren Familien vorgestellt. Das wäre zu intim, zu persönlich gewesen. Und so dachte eben auch Greg. Er konnte nicht wissen, dass die Stimme auf der Terrasse in Sydney Christines eigenen Gedanken waren, die sie eigentlich stärkten, mit dem Leben alleine fertig zu werden. Aber vielleicht hat Christine dies auch selbst nicht so gedeutet. „Du bist nicht allein", hörte sie in einem Moment großer Not. Es handelte sich nicht um einen oberflächlichen Trost, um eine banale Beruhigung. Christine war von der Stimme wie von der eines fremden Wesens stark beeindruckt. Greg hätte ihr sagen können, dass die Stimme aus ihrer tiefsten Tiefe eine große Hilfe war. Doch er sprach mit Christine lieber über Platon, von dem sie immerhin auch ein bisschen etwas wusste, ‚platonische Liebe' und so, Idealistisches. Hier fehlen mir wieder die Seiten, doch ich kann sie gut nacherzählen, und so füge ich hier also zwei nacherfundene Seiten an:

‚Sind wir vielleicht doch irgendwie unsterblich?', dachte Greg und fragte sich erneut, wie das zu verwirklichen wäre. Greg saß auf den obersten Steinen des Tholos, eines kleinen Rundtempels in Epidauros, von dem nur die drei bis vier untersten Steinreihen geblieben sind, ein idealer Platz zum Meditieren. Platon gibt keinen Hinweis, wie die Sache mit der Unsterblichkeit in der Praxis umzusetzen wäre, außer, dass er auf die Philosophie verweist. Er vermittelt Sokrates als das Paradebeispiel eines derartigen ‚manisch erotischen Philosophen'. Es war Greg nicht ganz ernst mit dem ewigen Leben, aber er wollte Christine von ihrer etwas esoterischen und schwärmerischen Sicht abbringen. Wir könnten also teilhaben an der Unsterblichkeit, doch viele Stimmen hören, schien ihm seltsam. Irgendwie spürte er auch, dass der Weg über geistige, ‚spirituelle' oder metaphysische Mittel zu abgehoben, langweilig und auch zu brav, zu angepasst an die herkömmlichen Religionen aussah. Er wollte einen Weg über den Eros, so wie es Platon doch auch gemeint hat.

Und dieser Eros war nicht und auf keinen Fall nur außersinnlich. Im Gegenteil, in Gregs Gedanken floss er über von Bewunderung für Christines Aussehen und die Atmosphäre des Abends. Ausnahmsweise fühlte Greg auch einmal, dass Christine warmherzig und voll innerer Freude war. Das pflanzliche Pneuma der Umgebung, das Ambiente der mittelmeerischen Flora einschließlich des Gesangs von Zwergmöwen und Flussseeschwalben animierte ihn. Die Grundidee, die für Greg im philosophisch manischen Eros Platons steckte, hatte allerdings – so erstaunlich dies klingen mag – etwas mit Luthers Gottesauffassung zu tun. Greg war evangelisch erzogen worden und wusste nichts mehr von dem, was er im Religionsunterricht oder sonst wo über Glaube und Spiritualität gehört hatte. Aber eines war ihm geblieben, dass „eine in den Tiefen des Herzens stattfindende Kommunion" im Grunde genommen ein starker „Erinnerungsakt" sei.[12] Und genau so etwas war Platons Anamnesis, die Wiedererinnerung! Luther spricht auch vom ‚inneren Glauben', der etwas ganz anderes ist, als der übliche Glaubensgedanke. Irgendetwas in dieser Richtung rumorte in Gregs Theorie über den Phaidros.

Doch jetzt, mitten im Zusammensein, im Spiel der Liebe, konnte man einen Pirol hören, dessen klanglich flötender Gesang auch ein wenig betörend war, und so vergaß Greg sofort den Gedanken an den „Erinnerungsakt" und an den Phaidros. Gerade inmitten der schönsten Laute wollte Greg an nichts denken und nur kraftvoll und dynamisch sein, vielleicht sogar eher unzärtlich, aber vital, rau, echt. Anders als üblich. Anders als man es sonst so liest. Er wollte seine Beziehungsschwäche durch eine starke Performanz überspielen. Er war eigentlich hilflos

---

[12] Roper, L., Luther, Fischer (2016) S. 375

und doch stark. Der „Erinnerungsakt" des philosophisch manischen Eros war dennoch völlig unklar.

Er wusste das und wollte es doch nicht wirklich wissen. Genau genommen war er in vielen Dingen hilflos. Denn natürlich war sein nihilistisches Auftreten, seine Verachtung für alles Bürgerliche und Spießige, für alles Genormt-Normale nur ein Schutz vor einer unbekannten Angst. Vor einer unbekannten Nichtigkeit, einem entmachtenden Unbestätigtsein. Christine sollte ihn anerkennen, sollte ihn schätzen als genau den ‚universalen Mann', den er doch selbst karikiert und verspottet hatte. Sie sollte ihn wie Penelope ihren Odysseus lieben, obwohl doch gerade diese Liebe so schrecklich brav, so verstaubt treuherzig, so plakativ traditionalistisch war und gar nicht zu ihm als dem brillanten Don Giovanni passte, für den er sich hielt. Der Rest der Nacht zog somit dahin wie ein nebliger Schleier, wie jede andere, besondere und unbesondere Nacht auch. Morgens musste ja wieder gearbeitet werden, Messstangen mussten gehalten, Längen- und Winkelwerte notiert werden. All das verlangte noch nach ein paar Zigaretten, nach ein paar würzigen Atemzügen, nach Lungenfülle und . . .

An Liebeshandlungen war jedenfalls erst zu denken gewesen, als Christine ihm um den Hals fiel und er die hilflos abweisenden Bemerkungen über die Halskette machte. Damit wurde das Verhältnis jedoch lockerer, und die Lockerheit ließ beide unbeschwert sein, und jetzt wusste Greg, dass er den nächsten Schritt zu tun hatte. Und er wollte ihn ja auch ganz zärtlich, wenn auch technisch gut, ganz liebevoll, wenn auch aus gespielten Motiven des nobel Erfahrenen und Wissenden, tun. Er wollte sie wie ein Filmheld erobern und sexuell mit ihr wie das Meer mit dem Regen verschmelzen. Es sollte eine Kunst sein, kein materieller Akt. Ein gekonntes Außer-Sich-Sein, so verstand er auch Platon. Nur lieben, nur intim sein, genügte nicht.

Heute würde ich mehr davon schreiben, was noch alles gesprochen wurde, welche Worte die Beziehung durchleuchtet und besser versinnbildlicht hätten. Und dass Greg nicht an die große Liebe glaubte und Christine an zu Hause dachte, als sie dann doch mit ihm schlief. An alles dachte sie, was dort passiert, von dem sie doch so weit weg ist. Ja, wir sind unsterblich, aber nur dann, wenn wir nicht daran denken. Bewusst unsterblich, das geht nicht. Solange man von all dem erfüllt ist, was jede Nacht in den Träumen und Bildern anklingt, aber nicht genügend differenziert ist, kann man vielleicht nicht an Sterblichkeit denken. Im Unbewussten gibt es keinen Tod. Ich fragte einmal einen mir gut bekannten Psychoanalytiker nach einem längeren Gespräch über die Dauer des Berufs, über die interessanten Theorien und über Leben und Tod: ‚Stirbst du?', so im Sinne von: Wie ist das mit dem Sterben, sag es jetzt. Er antwortete erst mit einem „Nein", sagte dann einige Momente nichts, und dann nur ein allgemein Verbindliches: ‚so wie halt jeder mal stirbt'.

Im ersten Moment hat er sich für unsterblich gehalten. Er konnte mit dem Gedanken an den Tod nichts anfangen. Meine Frage kam zu überraschend, der Tenor des Gesprächs war noch lebendig, und warum sollte man dann plötzlich beim Sterben sein? Im vertrauten Gespräch über so wichtige psychoanalytische Themen war nicht ans Sterben zu denken. Dennoch beantworten all diese Sätze nicht etwas Grundsätzliches über die Seele und über ihr sterblich/unsterbliches Wesen. Ich habe Greg schon sagen lassen, dass die Griechen eine individuelle, ganz ich-bezogene Seele nicht kannten. Psyche ‚pasa athanaton' kann man nicht mit ‚jede' oder gar mit ‚jede beliebige Seele ist unsterblich' übersetzen. Christine hatte es gar nicht so schlecht formuliert, dass sie Teil daran hat an diesem irgendwie fernen Unsterblichen, dieser ‚Spiritualität', diesem Geisterleben.

Aber es kann doch nur einen ‚Geist' geben, einen durchgehenden Geisteszusammenhang, einen ‚spiritus purus' wie die Theologen etwas überakademisiert sagen. Im Grunde genommen sind die religiösen und theologischen Aussagen zum Thema der Unsterblichkeit oder des Weiterlebens nach dem Tod völlig unbefriedigend. Der relativ liberale (freigeistig wäre zu viel gesagt) Theologe H. Küng versucht in seinem Buch ‚Ewiges Leben?' eine klare Antwort. Sie besteht hauptsächlich darin, dass das ‚ewige Leben' nicht ewig im Sinne eines unendlichen Zeitbegriffs ist, sondern im Sinne eines Glaubens, dass man ‚einmal voll verstanden, von Schuld befreit, definitiv angenommen und man ohne Angst selbst sein darf'.[13] Das klingt gut, aber kann man so ein umfassendes, wunderbares Leben wirklich realistisch nennen? Selbst angereichert mit ‚vernünftigem Vertrauen, aufgeklärtem Glauben und in geprüfter Hoffnung', wie Küng weiter schreibt, erscheint dies alles etwas problematisch und – um mit Freud zu sprechen – illusionär.

Zudem suggeriert das Wort ‚ewig' doch eine zeitliche Dimension. Und so ließ ich Greg – soweit ich mich noch erinnere – damals zu dieser Thematik etwas zu Christine sagen:

„Unsterblich, ewig, transzendental – all diese Worte sollte man gar nicht benutzen, denn sie machen einem etwas vor. Man sollte von ‚innig' sprechen, vom distinkt Emotionalen, von enstatischer Berauschtheit, von Klarträumen, luziden Träumen und von der Anamnesis des platonischen manischen Eros, denn all das führt dazu, hier und gleichzeitig woanders zu sein. Unsterblich sein heißt, ständig aus dem Inner-Innigsten heraus zu handeln und zu reden und so viele Dinge zu erleben, zu fühlen und zu denken, dass man gar nicht mehr merkt, wenn man endgültig stirbt. Mehrmals im Diesseits einen

---

[13] Küng, H., Ewiges Leben? Piper (1982) S. 293

Verlust zu erleben, eine Depression, quasi einen Tod, ersetzt einem das Jenseits, in das man dann nicht mehr hinein sterben muss, weil man es schon gelebt haben wird".

„Du phantasierst", entgegnete Christine. „Du brauchst einen echten Glauben, eine innere Heimat. Dann hast du das Gefühl, mit etwas verbunden zu sein, das eben viele Leute ‚ewig' oder transzendent nennen. Das Wichtigste ist, dass du nicht alleine bist, nie, keine Sekunde".

„Aber das ist doch auch Phantasie oder noch besser: etwas Schizoides. Trotzdem verstehe ich dich, das Leben der meisten Menschen ist eine Art zufällig und einigermaßen geglückter Schizoidie, was gar nicht so falsch ist. Der Andere, der Zweite, der immer bei einem ist, macht sich ja ohnehin durch die Gedanken bemerkbar, die man bei sich nicht mag, die man hässlich, lästig und niedrig nennt".

„Nein", erwiderte Christine, „wenn man den Bezug zu den anderen völlig verliert, wenn es keine ‚personal closeness', persönliche Verbundenheit, mit den anderen mehr gibt, bist du tot".

Küng argumentiert natürlich zu Recht, dass Freuds Psychoanalyse kein Gegenbeweis gegen die Unsterblichkeit sei. Trotzdem, was soll man von dem Ganzen überhaupt halten? In meinem alten Roman, habe ich darüber nicht viel Gedanken verloren, aber heute würde ich Greg noch mehr an irgendetwas Unsterblichem interessiert sein lassen, und sei es eben nur an dem „Erinnerungsakt der Herzenstiefe", wie ein Meditationslehrer einmal sagte. Ich würde aus ihm zwar einen Träumer machen, der aber von etwas konkret Humanem, Inner-Innigsten träumt, das der puren Irrealität aber auch äußerer Nüchternheit entgegengesetzt ist. „Aus dem Inner-Innigsten heraus zu reden" wäre gar keine so falsche Bemerkung. Schließlich ist es ja auch das, was der Analysand in der

Psychoanalyse tun sollte, nämlich möglichst direkt und innig aus sich heraus assoziieren, was auch Platons philosophisch manischer Eros beinhaltet.

Ich würde Christine die Vertrauende, Glaubende sein lassen, die jedoch nur wenig in die spiritistische Richtung abgedriftet ist. Wer sich zu sehr mit den Geisterstimmen identifiziert, würde mich an einen Vortrag der Medienwissenschaftlerin A. Sick: Geisterleben. Menschenessen, erinnern.[14]

„Die rituelle kannibalische Handlung wie sie in wissenschaftlichen Diskursen sowie auch in Märchen bis heute beschrieben wird, ließe sich mit folgender Formel zusammenfassen: Der Körper eines Menschen wird aufgegessen, um die geistigen Kräfte und Eigenschaften dieses Menschen abzuwehren oder sich anzueignen. Ein Verfahren, das eigene Weiterleben zu sichern oder zu verlängern. Voraussetzung für die Entdeckung dieser Ordnung, ist die Entdeckung der Seele als des geistigen Prinzips im Menschen oder wie Freud schreibt "ein kannibalistisches Denksystem, in dem die Geister leben". Eine Vision von Verschmelzungen mit dem Anderen. Nicht Blut wird da benötigt wie bei den Drakulageschichten, sondern Eros, Lieb-ido.

„Die Einschreibung der erogenen Mundzone in die Welt des Sehens ermöglicht ein Sich-einverleiben der Geister. „Kannibalismus ist somit als Übergangsphänomen zu verstehen, heißt davon auszugehen, dass er die Grenzen von Leben und Tod passierbar macht und ‚ewiges Leben' und Auferstehung ermöglicht".[15] Man muss das mit Distanz lesen.

---

[14] Sick, A., Geisterleben. Menschenessen.. Die kannibalische Ordnung und ihre magische Wirkung. Thealit.de
[15] Diese Auffassungen von A. Sick werden gestützt von dem Londoner Phototheoretiker und Künstler Olivier Richon. Er

Verschmelzende Unsterblichkeit ist also möglicherweise im Ritus erfahrbar, doch man muss diesen Ritus dann ständig wiederholen. Das hat Sokrates im ‚Phaidros' sicher nicht gemeint, und Christines Stimmen sind im Grunde genommen ihre eigenen, ihr selbst nicht so bewussten Gedanken.

„Unsterblich heißt für mich", sagte Greg weiter, „wie unter einer Droge zu stehen, aber ohne ein körperliches Risiko einzugehen und ohne verrückt zu werden. Freilich kann das bedeuten, dass man sehr genügsam sein, manchmal unter freiem Himmel schlafen und wenig essen muss. Und man muss auch nicht dauernd Sex haben, denn das ist jedes Mal ein kleiner Tod, heißt es immer. Aber eine innerliche erotische Gewissheit könnte alles übertreffen".

„Du meinst also", fiel ihm Christine spontan ins Wort, „you have to make sex metaphysically". Greg war erstaunt, dass sie solch ein Fremdwort gebrauchen konnte. Ja, das war gar nicht schlecht, ein ‚Metasex'! Mehr als auf den Inhalt ihres Satzes war Greg von diesem linguistischen Sprung beeindruckt. Aber er spürte, dass Christine so etwas zwar gesagt hatte, aber nicht das meinte, was er dachte und meditierte. Schließlich fing er sich wieder und entgegnete:

---

vergleicht das Auge mit dem Mund und konstituiert so ein Sehen, welches verschlingt (oral) und ein Sehen, welches kontrolliert und so etwas hervorbringt (anal).   Daher Sick weiter: „Wäre das am Computer generierte künstliche Leben ähnlich dem, welches der rituelle Kannibalismus voraussetzt, welches mit ihm "wiederbelebt" oder "verlängert" werden soll, könnte man sagen: Der rituelle Kannibalismus hat schon lange den "Geheimcode des Lebens" geknackt und ist insofern dem Computer darin weit voraus".

„Nein, nicht so abgehoben, sondern in der Weise der erotisch manischen Philosophie", eine Ausdrucksweise, die ja eigentlich noch viel abgehobener war als Christines Worte. „In Platons Phaidros", so argumentierte Greg weiter, „beweist Sokrates die Göttlichkeit des Eros durch ein Spiel der Buchstaben. Die Alten hätten den Wahnsinn nicht für etwas Schändliches gehalten, denn nicht umsonst haben sie die Kunst, die Zukunft vorauszusagen ‚Wahnsagekunst' (μανικην) genannt. Erst die Neueren haben ungeschickterweise ein τ eingefügt (μαντικην) und ‚Wahrsagekunst' daraus gemacht (im Deutschen n und r vertauscht). Der Kern des Unbewussten spielt sich also zwischen den Zeichen ab, total zwischendrin". Für den Moment konnten sie beide die Sache nicht besser klären.

Sokrates und mit ihm Platon haben, so meine ich, an etwas anderes gedacht, nämlich an das, was der Religionsphilosoph und im Grunde recht orthodoxe Katholik R. Spaemann so ausgedrückt hat: ‚Gott ist ein unsterbliches Gerücht'. Das ist für einen stockkonservativen Christen eine erstaunliche Aussage. Aber er ist eben auch Philosoph und meint offensichtlich Folgendes: Es gibt etwas Unsterbliches, das gerade in seiner symbolischen Form, wie sie Lacan auch in seinen Signifikanten betont, diesen Zeichen realer Subjekte, vermittelt ist. Denn ein Gerücht ist Sprache, also symbolische Ordnung, die sich hier nicht ganz klar und präzise formuliert, sondern eben hinter vorgehaltener Hand kommuniziert wird. Doch im Gerücht verdichtet sich gerade wegen seines unpräzisen Inhalts, wegen seines in der Fußnote zitierten ‚Geheimcodes' des Lebens oder des Gottes oder wie man auch immer das ‚Anders-Geistige' letztlich nennen mag, der oder das Unsterbliche.

So wird sichtbar, wie man am Unsterblichen teilnehmen kann, wie es Christine formulierte, und warum sie dazu

Stimmen benötigte, die den Gerüchtestimmen vielleicht nahe stehen. Und auch Greg selbst hätte, wenn er Platon völlig verstanden hätte, nichts Besseres als Christine sagen können. Er tat es nur abstrahierter, akademisierter. Wo ist da wirklich Unsterbliches zu finden? Kann das Gerücht sich nicht so verdichten, so transsubstanziieren, dass man etwas Konkretes von ihm aussagen kann? Ich habe schon angedeutet, dass ich Greg und Christine eine Antwort finden lassen werde, die akzeptabel erscheint. Evident, plausibel. Vorerst meinte Greg zu Christines Vorstellungen jedoch sagen zu müssen:

„Dass du den Stimmen definitive Gestalten zuordnest, lebendige Wesen, Quasi-Personen, von denen keiner weiß, woher sie kommen und was sie im Sinn haben, und dass so die Welt voller Geister ist, ist Animismus. Das ist nicht Platons Anliegen. Im Phaidros spricht er von der episteme und vom eidotos logos, vom wahren Wissen also und der beseelten Rede des wirklich Wissenden, und stellt diese der toten Schrift entgegen, die immer nur das Gleiche von sich gibt. Ich glaube, dass Platon durchaus etwas vom Sarx (griechisch σαρζ = Fleisch) wie es die Theologen verwenden, gewusst hat. Es ist das unsterbliche Fleisch, ein ‚Körper ohne Gestalt', man kann sich psychosomatisch so erfahren". Da war Greg wieder ganz bei Luther, obwohl er das im Moment gar nicht wusste.

„Aber wenn ich so etwas gehört habe wie die Stimme nach dem Tod meiner Eltern", sagte Christine, „dann war ich also ein ‚Körper ohne Gestalt'. Ich habe mich physisch ganz stark empfunden, aber grenzenlos, so wie ein unendlicher Wald, a boundless, unlimited leafgreen, ein uferloses Blattgrün, a primary life, ein Urleben".

Greg war nicht beunruhigt, eine Freundin gefunden zu haben, die ein bisschen dem Spiritismus anhing. Ein ‚uferloses Blattgrün', das gefiel ihm ohnehin. Als Frau war Christine für ihn doch – wie schon erwähnt – vielschichtig, verführerisch, urweiblich, grandios, Fee, Hexe und Madame zugleich. Das Problem war nur, dass – im Endeffekt beide – Greg und Christine keine gemeinsame, konkrete Lebensbasis sahen und vielleicht auch gar nicht daran denken wollten. Christine wollte zurück zu ihrer Familie, um von dort aus – eingebunden in ihr dortiges Umfeld, in die australische Gesellschaft – Ausbildung und soziale Integration weiter zu absolvieren.

„Kennst du nicht die Geschichte der Stimmen, die Jeanne d´Arc hörte?", fragte Christine. Und als Greg mit Nein antwortete, ergänzte sie: „Als der Inquisitor sie fragte, wer denn die Stimmen der verschiedenen Heiligen mache, die sie hörte, antwortete sie: ‚Ich natürlich'. Sie war also ganz normal und der Inquisitor konnte nicht verstehen, dass sie sich mit den Heiligen als völlig identisch wahrnahm".

„Aber mit was bist du identisch?", fragte Greg?

„Mit mir selbst", entgegnete Christine.

Sie lachten beide. Das Problem ihrer Identität hatten sie noch nicht gelöst. Greg wiederholte seinen Gedanken, dass das ‚Athanaton' durch ein Erfahren von Abenteuern, Grenzerlebnissen und Risiken zustande komme, und man so seine wahre Identität erreiche, weil sie dadurch eben auch über das Sterbliche hinausgehe. Doch als Christine zu ihm sagte, dass sie das mit den Abenteuern und Risiken gut verstehe und nachvollziehen könne, dass man so eine Art von Unsterblichkeit, wenn auch nicht direkt erleben, so doch authentisch erfahren könne, meinte sie zudem:

„Das muss doch dann auch in unserer Beziehung zu sehen sein. Dieses Dramatische, das Sterbenlernen, von dem du einmal gesprochen hast, muss sich in unserer Beziehung ja auch lebendig widerspiegeln, es kann doch nicht so sein, dass wir nebeneinander herleben und jeder seine Grenzerlebnisse alleine hat".

„Findest du nicht, dass es trotzdem spannend zwischen uns ist?", fragte Greg zurück.

„Es ist nicht langweilig, aber ob es für die Unsterblichkeit reicht, bezweifle ich", entgegnete Christine lakonisch, ja fast spöttisch.

Im Gegensatz zu ihr dachte Greg jedoch daran, Griechenland zu verlassen, aber nicht nach Nordwest, sondern weiter nach Südost, in den Orient, und vielleicht sogar noch weiter, um die Grenzerfahrungen doch erst einmal für sich alleine zu probieren. Das Geheimnis des Lebens suchte er wie so manche seiner Zeit im magischen Dunkel Asiens, im Yoga und den auf das Eine, Ganze gerichteten Geist. Doch davon erzählte er Christine noch nichts.

Er spürte, dass sie recht hatte mit der Bemerkung zu ihrer Beziehung. Aber ihm fiel nichts dazu ein. Am Ende der sechziger Jahre brachen viele nach Indien auf, angeregt nicht nur durch Paul Brunton. Auch W. Bonsels und M. Boss hatten schon Bücher über ihre Indienerfahrungen geschrieben, die Greg ebenfalls gelesen hatte. Und schließlich fuhren sogar auch noch die Beatles dorthin, gar nicht zu reden von der Völkerwanderung nach Poona, die damals bereits begann, zu Bhagwan Rajneesh. Das klang doch aufregender, als der Versuch, alles in eine Beziehung zu investieren, die das Unsterbliche ausloten sollte.

Brunton war ein amerikanischer Sinnsucher, der anfänglich bei den Theosophen, später dann in Indien beim Maharshi von Tiruvannamalai das Ziel seiner meditativen und sozialen Anstrengungen fand. In den sechziger Jahren des letzten Jahrhunderts lebte er noch und seine Bücher – auch beeinflusst vom Buddhismus – waren Bestseller. Auch Shri Aurobindos Bücher über den Integralen Yoga waren begehrte Schriften zum Thema östlicher Weisheit und praktischer Selbstverwirklichung in den sechziger Jahren des letzten Jahrhunderts. Ich ließ Greg dies alles gelesen haben und ihn nun den Versuch machen, aus der griechischen Philosophie, westlicher Literatur und diesen östlichen ‚spirituellen' Werken ein eigenes Konzept zusammen zu imaginieren.

Doch das Ganze war noch eine ziemlich konfuse Angelegenheit. Geist, Überselbst, Hegels Selbstbewusstsein, Atman, spirituelle Kausalebene und Überrationalität flossen bei Greg zu einem unverständlichen Konvolut zusammen. Wie beschrieben versuchte er Philoktet und Arjuna, die Heldengestalt aus dem Mahabharata und der Bhagavadgita, zu einer Unsterblichkeitsfigur zusammen zu schweißen, und auch andere historische Größen verschmolz er so zu Universalien. Und wie erwähnt gehörten auch Grundbegriffe der griechischen Philosophie wie die ευδαιμονία (Eudaimonia) dazu, die es Greg besonders angetan hatte.

Für Greg war Eudaimonia das wahre Genießen. Man hat es früher mit Glückseligkeit übersetzt, aber Greg fand, dass es sich bei diesem Begriff um das echte, wahre, Genießen handle. Denn ‚eu' heißt gut und ‚daimon' ist der Mittler zwischen Gott und Mensch, also ein halbgöttliches Wesen, aus sich selbst heraus bestehend. Das Begehren nach ihr – so heißt es – ist von erotischer Art, es sei „für jeden der größte und listenreiche Eros".[16] Gregs Sehnsucht danach war so groß, dass er fast schon davon in eine leicht gehobene Stimmung kam. Ihm gefiel es auch, dass der antike Daimon später zum eher negativ besetzten Wort Dämon wurde, was aber

---

[16] Platon, Symposion, Insel Verlag, S. 204e – 205d

immerhin anzeigt, dass Eudaimonia auch ein mephistophelisches Genießen sein konnte. ‚Listenreich' sagt Platon ja, aber doch auch fast göttlich.

Jedenfalls schwelgte Greg in der Eudaimonia schon dann, wenn er nur einen türkischen Kaffee und ein Glas eiskalten Wassers vor sich stehen hatte, und er die nach altägyptischem Vorbild in Hände auslaufenden heißen Sonnenstrahlen auf seiner Haut spüren konnte. Für ihn waren es tatsächlich Hände, sanft massierende, bis zum Prickeln streichelnde Hände, die die Wärme überall hin lüstern verteilten. Und dass Eudaimonia eine metaphysische Realität war, wird bei Platon zudem häufig beschrieben. Eudaimonia war das Glücksgefühl, mit dem man rechnen konnte. Von Zeit zu Zeit musste es sich einstellen, auch wenn niemand etwas dafür tat. Davon war Greg überzeugt.

Ich, der heute immer noch mit Greg Verbundene, habe durch die Psychoanalyse alles wieder umkrempeln müssen und dennoch aus dem Sinnsuchenden, dem Unsterblichen und der ‚Lieb-ido' ein wissenschaftlich gestütztes Verfahren psychologischer Orientierung entwickelt. Doch das soll hier noch nicht das Thema sein. Ich werde es im Anhang kurz beschreiben. Wichtiger erscheint mir die Beziehung von Greg und Christine aus der heutigen Perspektive. Das kurze Intermezzo mit der Frau des Landvermessers, Zymara, konnte nichts daran ändern, dass die beiden sich weiter umkreisten. Zymara hatte nicht nur befürchtet, Greg könnte sich an ihre Tochter heranmachen, sondern auch, dass ihr Mann Interesse für Christine zeigte. Denn schon längst war Christine bei den Landvermessern bekannt und bewegte sich in ihrem Umfeld. Vielleicht um herauszubekommen, ob Christine eine Gefährdung für ihren Mann sei, machte sie sich an Greg heran.

Leider klingt es im Alltagsleben oft nach solch banalen Angst- und Zwangskomplexen. Zymaras Tochter war jedoch, wie Greg es in seiner manchmal nüchtern-trockenen Ausdrucksweise sagte, viel zu unbesonders, zu infantil, zu affektiert, als dass er sich jemals für sie hätte interessieren können.

„Höchstens ein Pädophiler könnte an ihr Gefallen finden", sagte Greg zu Christine, denn sie ist noch so unschuldig und doch frühreif. Sie hat so einen jungenhaften Körperbau und das gefällt vielen Männern. Die schnuckeligen Körperchen! Die Arme sind so knackig, das wollen die. Ich denke immer an André Gide, wie er von den nackten Armen der marokkanischen Jungs entzückt war. Seine Tante, die Mutter seiner Cousine Madeleine, die später auch seine Frau wurde, hatte ihn, als er selbst noch im kindhaften Alter war, einmal zärtlich und zu betont über den nackten Oberkörper gestreichelt. Eine nahe Verwandte! Ein zu auffälliges Streichen über die Haut! Das veränderte ihn!"

„Ich kann mir das nicht vorstellen", erwiderte Christine. The caressing of an aunt, das Streicheln einer Tante, das ist doch nichts Ungewöhnliches!"

„Wenn es so kommt, wie ein Gangster einem Ahnungslosen seinen Revolver unter das Kinn schiebt, so völlig wortlos, so total still und angstmachend und für den Zuschauer im Kino nervenkitzelnd, ist es etwas anders".

„Der Vergleich ist verrückt, Greg. Es geht um eine trust gesture, eine Vertrauensgeste. Es geht um eine Tante, die nett zu ihm ist".

„Aber sie hat nichts dazu gesagt. Still wie das Komplott zweier Komplizen. In Gide ist es hochgestiegen wie ein Hochverrat, Akt eines erotischen Geheimkults, Erotisches . . ."

„Du übertreibst ein bisschen, aber ich verstehe ungefähr, was du meinst. Die Tante hat das vielleicht doch Missbräuchliche nicht wahrgenommen, er, Gide, hat es als etwas Außergewöhnliches erfahren, aber das darin versteckt Erotische verdrängt. Sie hätte ihre Geste mit Worten begleiten müssen".

„Du hast recht", sagte Greg, „da liegt der heikle Punkt".

Sie ließen das Thema. Zephyros, der Westwind, war so warm wie selten, sein Gott Aiolos hatte ihn so aufgeheizt, dass er die gerade berichteten Streichelgesten mehr als sonst vorstellbar nachahmte. Er ließ Greg und Christine in seinen warmen, stürmenden Armen sich auch seelisch deutlich näherkommen. Aber was ahmte er wirklich nach? Wo ist Streicheln wirklich Streicheln?

Das war einer der wenigen etwas anspruchsvolleren Dialoge und Fragen, die im alten Griechenlandroman vorkamen. Denn Lacan meint ebenfalls zu Recht, „dass trotz der Existenz des Händedrucks die Hand im Akt des Drückens die andere Hand nicht erkennt"[17] was heißen soll, dass alle direkten körperlichen Begegnungen nichts Definitives sagen müssen oder können und die üblichen Rituale wie das Händedrücken darüber nicht hinwegtäuschen dürfen. Schon gar nicht freilich der Sex. Trotzdem war Greg – wie schon betont – der Auffassung, es könnte den universalen Eros geben, der sich in jeder Geste, jeder Berührung, jedem Anblick gleichermaßen mitteilt, obwohl er doch damit selbst noch nicht ganz klargekommen ist. So war es vielleicht im Erstroman doch nicht so falsch, das Schwanken und Stolpern ihrer Beziehung auszudrücken, wenn es auch psychologisch nicht differenziert genug dargestellt war.

---

[17] Lacan, J., Seminar XXIII, S. II 16

Gregs Inner-Innigstes war ihm unbewusst, es war aus Residuen von Platon und Luther entstanden und würde auch mit dem sogenannten ‚guten Objekt' passend übereinstimmen. Es ist so etwas wie eine seelische Festigkeit, ein gehobener Halt, den auch die Mystiker früher mit der ‚unio mystica' bezeichnet haben. Irgendwie so etwas stand hinter Gregs Unsterblichkeitsgerede, von dem er eigentlich nicht wusste, dass es sich so verhielt.

„Eros, der erste Gott, ist auch der letzte. Er stirbt keinen körperlichen Tod, sondern nur den des ‚göttlichen Wahnsinns', aus dem man ja immer wieder zu neuen Erkenntnissen kommend erwacht. Irgendwo da muss das Wesen der Unsterblichkeit verborgen sein. Im Liebesakt muss es eine Erotisierung geben, die dauerhaft ist, die nicht nach einiger Zeit wieder endet. Sie muss nicht befriedigen, aber alles gelungen und genießbar machen".

„Ich weiß nicht, was du damit meinst", sagte Christine. „Aber ist es nicht so, dass wir in der Familie, in den Kindern, in der Kunst oder in dem, was wir schaffen – von mir aus erotisiert schaffen, wie du sagst – the permanent, das Dauerhafte finden?"

„Kinder, Familie. Wo gibt es da etwas Dauerhaftes? Kein Clan hat jemals auch nur ein paar hundert Jahre überlebt. Aber das Kreative bleibt, ja, im ‚Phaidros' heißt es auch, dass der ‚wahrhaft Wissende', wenn er es – was nur ihm allein vorbehalten ist – zu Papier bringt, es hinbekommt, es dauerhaft realisiert. Aber sind nicht Sokrates und Platon heute auch für alle schon tot? Nur der ‚wahrhaft Wissende' kann es für alle Zeiten herüberbringen, wenn er es sagt, praktisch sagt. Pragmatisch . .„" setzte Greg noch unbeholfen dazu.

„Mag sein", ergänzte Christine, „dass wir uns in unseren Kindern und Kindeskindern nicht persönlich perfekt verewigen können. In unserer Liebe zu ihnen denken wir nicht an ein Ende unserer eigenen Nachkommen. Das verliert sich natürlich irgendwo, und so verströmen wir unsere Liebe auch ins Nichts. Aber du kommst mit deinen ‚wahrhaft Wissenden', with your truly knower, auch nicht weiter. Wenn uns heutzutage auch schon die Bibel nicht mehr so hundertprozentig Wahres sagen kann, dann sicher auch nicht mehr die noch älteren Schriften von Platon und Aristoteles! Wir brauchen einen Phaidros von heute!"

Da hatte sie recht. Das leuchtete auch Greg ein. Bei dem Schriftsteller A. Lodge hatte er einmal gelesen, dass Romane meist vom Sex handeln und nicht von Kindern, im Leben sei es aber gerade umgekehrt. Irgendwie haben sich Greg und Christine auch wieder ganz gut verstanden. Warum sind sie dann nicht länger und konstruktiver zusammengeblieben? Waren ihre Heimatländer zu weit auseinander, ihre Sprachen, ihre Ideen?

Natürlich sind auch Romeo und Julia nicht nur an den äußeren, sozialen Verhältnissen gescheitert. Sie haben auch zu hohe, zu unterschiedliche Ansprüche aneinander gehabt. Sie konnten das in keiner Psychoanalyse klären, weil es die noch nicht gab. Hätten sie es heute klären können? Im ‚Phaidros' klingt die Unendlichkeit der Seele, die Ewigkeit höchster Empfindungen und Bekundungen der Liebe, die ‚göttliche Berauschtheit' in einem Vers, einem Wort als für immer gültig. Freud würde dies alles als Ausdruck einer infantilen Omnipotenz, als ein frühkindliches Größenphantasma erklären. Und hätte er nicht auch recht? Doch ich wollte diese Thematik dazu verwenden, dass Gregs und Christines Sprechen darüber ihrer Beziehung eine Besonderheit verlieh.

Mehr als einmal stellte Christine auch ihre Logik und ihre literarischen Kenntnisse unter Beweis. Nachdem Greg wieder begonnen hatte, von der gehobenen erotischen Manie zu sprechen, meinte sie zum Beispiel:

„Bei erotischer Manie denke ich immer an den Marquis de Sade. Auch elevation, highness, Gehobenheit, verstand er zu vermitteln, denk an seine Philosophie im Boudoir".

„Aber Platons Mania war heilig", sagte Greg. „De Sade war ein linker Revolutionär. Er hat die spießigen Adeligen, die madamigen, bis oben hin zugeknöpften Frauen der obersten Schichten zu albernen, massiv obszönen Sexspielen gezwungen. Damit wollte er ihnen die Absurdität der Monarchie und die Dummheit der höfischen Riten zeigen".

„Das glaubst du doch selbst nicht", entgegnete Christine. „Er war abgrundtief pervers, einer von diesen bad boys wie heutzutage J. Genet, der sie in seinem Roman ‚Querelle' nasty things, die bösen Sachen machen lässt. Sie sind alle sexuell deviant manic, abwegig manisch".

„Du könntest genauso gut sagen", erwiderte Greg, „dass die erotische Manie von den liebestollen Nonnen ausgeht, wie beispielsweise bei der ‚Birgitta von Schweden' oder bei der ‚Therese von Lisieux', die sich foltern lassen und sich in siedendes Öl werfen wollten, alles für ihren geliebten Heiland. Weder de Sade noch die erotomane Nonne kann mit Platons philosophisch manischem Eros konkurrieren".

„Dann musst du es mir besser vermitteln", schloss Christine diese Diskussion. „Ich sehe schon, dass du erotisch und auch, dass du manisch bist". Und dabei lachte sie hellauf. „Also, ich mag dich so wie du bist, aber den ‚Phaidros' musst du mir noch näher bringen. Und vor allem: Wie kann diese exalted, elated erotic mania, diese gehobene erotische Manie, etwas mit der Unsterblichkeit zu tun haben?"

Darüber war sich auch Greg selbst nicht im Klaren. Er dachte sich das Ganze irgendwie panpsychisch, panerotisch, eingetaucht in ein noch unbekanntes Fluidum von Lust und Weisheit. Selbst bei den alten Hebräern verband der Begriff ‚Ahava' jede Art von Liebe und Erotik, von ‚spiritueller' und sinnlichster Form von ‚Lieb-ido'.[18] Greg wollte sein eigenes sexuelles Verlangen nicht so dargestellt wissen, wie es in seinen Phantasien aussah: heftig, fast grob, primitiv männlich, während er andererseits bemüht war, es kunstvoll, manieristisch und romantisch zu vermitteln, indem es die Partnerin auf diese Weise in das original Männliche einbeziehen sollte. Schließlich war er als Griechen-Verehrer darauf bedacht, dem alles krönendem Schönheitsgefühl, der φιλοκαλια (philokalia), auch den wildesten Sex unterordnen zu müssen und ihn so gleichzeitig veredeln zu können.

„Wenn ich es ganz einfach erklären will", begann Greg erneut die Diskussion, „dann ist es das Wort, der Name, die Hieroglyphe ‚athanatos' allein, die mir schon das Gefühl der Unsterblichkeit und des ewigen, philosophisch manischen Eros vermittelt. Ich lasse mich von ihm davontragen. Bestimmte Namen haben eine Essenz, eine Intensität und Signifikanz an sich, die man nicht abschütteln kann. Ich stelle mir nicht vor, ein Leben nach dem physischen Tod zu haben, aber

---

[18] Ich ließ auch Greg diesen Begriff in dieser Schreibweise benutzen, vor allem, weil er Christine gegenüber von ‚Love-bido' sprach und ihr – wie ich schon in Fußnote 3 – vorher erklärt hatte, dass die Griechen kein Wort für Sex hatten und er daher meinte, den geläufigen Begriff Libido umändern zu müssen wie er im griechischen Eros und im hebräischen Ahava üblich sei.

ein Leben im Sterben, das gibt es. Und das ist ein völlig anderes Leben, als das, das wir jetzt gerade leben".

„Viele Leute behaupten, dass in den letzten Sekunden ihr Leben wie ein unendlich langer Film vor ihnen abläuft oder sogar weiterläuft", sagte Christine. „So etwas kann ich mir schon vorstellen. Aber müssen wir uns deswegen jetzt so viele Gedanken darüber machen?"

„Gedanken nicht, aber Meditationen", erwiderte Greg. „Man muss erfahren, was ‚Enstase' ist, totale Verinnerlichung, und da kann so ein Wort wie ‚athanatos' hilfreich sein, gerade weil es kein Wort unserer Sprache ist, aber es kann ein Wort unseres Liebeslebens sein, unserer erotischen ‚Enstase',,.

„Aber gleichzeitig übersetzt du ‚athanatos'. Und wenn wir miteinander schlafen, denkst du da auch an ‚athanatos', enstatisch? fragte Christine lachend und machte kein Hehl daraus, dass sie ihm in seinen Ideen nicht ganz folgen wollte.

„Wir müssen im Eros zusammensterben, enstatisch wie du sagst", betonte Greg.

„Dann müssten wir uns aber an den Herzen enstatisch zusammenbinden, und nicht an den Genitalien", spottete Christine. Sie dachte in letzter Zeit wieder öfter, wenn sie mit Greg intim war, an ihr zu Hause, an die wenigen Menschen, die ihr dort nach dem Tod der Eltern geblieben waren und an das, was aus ihr und Greg wohl noch werden könnte. Ganz selten dachte sie sogar daran, wohin sie heute noch essen gehen könnten, und sah dann die köstlichsten Gerichte vor sich. Dabei war sie mitfühlend und zärtlich, fand ihr körperliches Zusammensein schön und wichtig. Von dem Begriff der φιλοκαλια war sie auch beeindruckt, als Greg ihr davon und von Ξαρις (Xaris), der Göttin der Anmut und Schönheit erzählte. Allerdings vermied er, ihr auch noch weiszumachen, dass er seinen Sex auch dem Ideal der καλοκαγαθια (Kalokagathia), der bestmöglichen menschlichen Verfassung durch das Schöne und Gute, unterstellt wissen wollte.

Letztendlich kündigte Greg seinen Job bei den Landvermessern, nachdem sie in Nauplia angekommen waren. Nauplia ist ein schönes altes Hafenstädtchen, das drei Festungen beherbergt. Eine davon liegt vor dem Hafen im Meer und war einst Gefängnis und Henkersstätte. Zuerst wollte keiner von beiden, weder Greg noch Christine, aussprechen, wie es weitergehen sollte. Denn wer dieses Losungswort zuerst ausgab, war beziehungs-strategisch unklug. Er zeigte zu starkes Interesse. Nicht nur Greg wollte cool und gleichmütig bleiben, auch Christine wollte ihn nicht aus seiner Verantwortung als aktiver Held entlassen. Denn den hatte er trotz aller Coolness durchblicken lassen. Doch Greg machte es ganz geschickt und sagte:

„Daran, dass du in einer Woche nach Australien zurückfliegen musst, lässt sich ja wohl nichts ändern. Schade, wie wird's weitergehen?"

Tatsächlich wollte Christine auf jeden Fall erst einmal nach Hause zurück. Sie konnte und wollte ja auch ihren Job als Krankenschwester nicht gefährden. Eine Woche verlängern hätte sie vielleicht können, aber hätte dies etwas gebracht? Doch genau so etwas, das In-der-Schwebe-Stehende eines kleinen Zugeständnisses, wollte Greg nutzen, ohne dass er davon sprach. In einer bestimmten Konstellation von Absichten und Gefühlen, von Liebe und Alltagsrealität, wissen beide Partner einer Beziehung, dass der andere um diese prekäre Situation genauso weiß wie man selbst und auch die gleichen angespannt-schwankenden Gefühle hat. Und dass es dann sehr darauf ankommt, jedes Fünkchen Liebe in einer Art von unterstellter Gewissheit groß herauszustellen. Er, Greg, würde ja so gerne haben, dass sie noch bleibt, und Christine wäre es dann ja, die einfach weggeht und dann schuld am Bruch der Beziehung wäre.

Doch Christine gab sich genauso schlau und sagte, sie verfahre wie es gerade gestern von einem Beschluss der Nato in der Zeitung stand: Sie verwende die ‚Vorwärtsverteidigung', den geheuchelten Angriff. „Wenn du mich sofort heiratest, bleib' ich für immer", stieß sie urplötzlich hervor. Dabei lachte sie belustigt, aber doch so überzeugend, dass Greg nicht so tun konnte, als sei dies nicht auch ernst gemeint. Greg überspielte die Situation, indem er sie umarmte und sie ganz fest und lange an sich drückte. „Morgen fahren wir erst einmal nach Athen zurück, denn hier bleiben wir ja wohl nicht länger, so schön der Blick auf die Festung von Nauplia ist", sagte er.

So in etwa endete mein Roman, vorläufig zumindest. Christine fuhr zurück und Greg reiste nach Indien. Details weiß ich nicht mehr, jedenfalls gab es keinen genauen Abschluss. Ich hatte zwar geplant, dass Greg einmal einen Besuch in Australien machen würde. Aber dort würde er auch nicht sesshaft werden. Da ich selbst zu dieser Zeit schon ernsthaft meinem Studium nachging, tendierte ich wohl auch dazu, Greg das gleiche Schicksal zu gönnen. Mir sind nicht nur die ca. zweihundert Romanseiten gestohlen worden, es fanden sich in diesem Manuskript auch keine weiteren Gedanken für eine Fortsetzung. Jedenfalls gab es außer der Beschreibung einer Ankunft in Athen auch sonst keine wesentlichen Gespräche mehr zwischen den beiden, sodass ich nunmehr nachholen muss, was ich damals nicht schreiben konnte.

Ich schreibe daher den Roman jetzt, also etwa fünfzig Jahre später, zu Ende. Er wird, wie gesagt, anders klingen, weil ich nicht mehr so schreiben kann wie 1964. Und dann werde ich ihm in den letzten Kapiteln ein neues Ende finden lassen. Denn irgendwie passt es nicht, dass sich Greg und Christine so sang- und klanglos trennten und nie mehr zusammen fanden, obwohl sie sich doch gerade zum Ende hin recht gut verstanden und geliebt haben. Zumindest hätte ich angeben müssen, welche Gründe sie zu solch sprödem und distanziertem Auseinandergehen veranlassen konnten. Kindheitstraumen, Selbstzweifel, Impulsangst oder Nachlässigkeit oder sonst etwas?

Zum Abschluss dieses meines 1964-Manuskripts jedoch noch eine ergänzende Bemerkung. Ich hatte eingangs T. Pynchon zitiert, dass man nicht um die Hauptfigur und deren Problem weiß Gott welche Rahmenfiguren und Handlungen anbringen soll. Dies hatte ich damals getan und über Gregs Indienbesuch ausführlich berichtet. So entscheidend für sein Leben war der Indienbesuch jedoch nicht gewesen. Greg hatte sich dort zwar mit Yoga und Meditation beschäftigt. Im Manuskript ging ich aber auch auf zahlreiche Stimmungsbilder, Städteschilderungen und törichte Nebenhandlungen ein, die ich dem Leser ersparen möchte. Lediglich ein paar Bemerkungen und die eingangs schon angekündigte Probeseite, die auch Gregs Hang zu Wortspielen widerspiegelt, drucke ich hier ab.

Die Hippies und Beatniks der sechziger Jahre trafen sich entweder in San Franciscos Stadtteil Haight Ashbury, wo sie den Musiker Janis Joplin oder der Gruppe Grateful Dead folgend ihre Blumenkinder-Songs abspielten. Oder sie zogen nach Asien, um dort die ‚östliche Spiritualität' zu erhaschen. Rishikesh im Norden, Goa, Hampi, Trivandrum im Süden waren die zentralen Anlaufstellen. In Hampi blieben einige Europäer hängen und ernährten sich von mageren Jobs wie Touristenführern oder hinduistischen Zeremonienmeistern.

Greg war lediglich in Goa und ein paar Tage in Delhi gewesen und hatte Notizen und Wochenbucheintragungen gemacht.

„Wie kann man das verstehen, dass die Inder glücklich, high sind - von nichts! Sie transportieren ein paar Dosen, ein paar Stoffe, ein Rad, etwas Sand – glücklich, naiv, von Belanglosigkeit gesonnt! Sie transportieren gar nicht, denn solch ein Wort kommt nur allzu sehr aus unserem Geschäftsvokabular. Sie nehmen mit sich, sie schultern, sie übertragen, sie transzendieren etwas von da nach dort! Schulter-Nacken, Hals-Arm, sie bewegen es, weil alles sich bewegt und weil sie selbst im Insgesamt der Bewegungen ein wunderbares Teil dieser herrlichen, vollkommenen Bewegtheit sind. Und nicht Tragen ist die Bewegtheit, nicht Arbeit, Schufterei, sondern affektive Fülle, seelische Bewegtheit, weil in Indien alles seelisch und Fülle ist. Die Kühe, die Ameisen, das Gras aus den Mauerritzen, das Gespucke, das magere Essen, das Ständig-die-verwirrendsten-Gerüche-, Düfte- und Gestänke-Einatmen, alles ist seelisch. Die Materie ist seelisch, selbst der härteste Stein. Wenn man ihn nur lange genug in den Händen wiegt, wenn man ihn nur lange genug liebt, kost, abreibt, schabt, um ihn in eine kleine Mauerspalte zu setzen, wo er hingehört – er wird seine Seele preisgeben gerade dadurch, weil er Stein zum anderen Stein ist, Mauerstein zur Mauer, so wie der Mensch Mensch ist zum anderen Menschen".

Das war eine der letzten Seiten des Altromans, die ich noch besaß, und nach ein paar Wochen in Indien trampte Greg zurück nach Hause. Ich liebte meine beiden Romanfiguren, ich liebte es, sie so von einem Fischerdorf ins andere laufen, schlendern, strawanzen zu lassen, frei, globetrotterisch und doch über die Unsterblichkeit und die Platonsche Anamnesis redend, als sei es das Üblichste, das Vertrauteste, das

Notwendigste, von dem man nicht ganz genau wusste, wie es existiert. Aber wie konnten die alten Griechen davon so überzeugt sein, wie konnten Sokrates, Platon, unsere Mystiker im Mittelalter, Luther und all die anderen davon reden, als sei es das Allerverständlichste? Ich möchte darüber noch weiter schreiben. Die Fortsetzung, die ich jetzt, also 2014, schreiben will, lasse ich nochmals bei den letzten Tagen in Athen beginnen. Meiner Erinnerung nach hatte ich ja ursprünglich gar kein Ende der Geschichte verfasst. Ich verwende jedoch für den Romantext 2014 nun nicht mehr eine gesonderte Schrift.

3. Griechenlandroman Anno 2014

Sie waren also von Nauplia nach Athen zurückgefahren, und ich schreibe nun im Jahr 2914 den Roman zu Ende: Sie saßen aneinander gelehnt in einem der klapprigen, holpernden Überlandbusse, die über die Landstraßen fuhren, damals jedenfalls noch, in den Zeiten von ‚Alexis Sorbas' und Nana Mouskouri und andren Spätnostalgikern. Oder von Lyrikern wie Odysseas Elytis, Nobelpreisträger, den keiner mehr kennt.

Am Anfang das Licht   Und die erste Stunde
in der noch die Lippen im Urschlamm
schmecken die Dinge der Welt
Grünes Blut und golden die Knollen im Erdreich
Wunderbar in seinem Schlaf bereitete auch das Meer
den frischen ätherischen Flor aus[19]

Im Bus hatte Greg Christine noch etwas vom ‚Grenzsprachlichen' erzählt. Oh Gott, dachte sie, wieder so etwas, das wohl eher grenzwertig als grenzsprachlich ist, sagte aber nichts dazu. Schließlich war sie fest entschlossen nach Australien zurückzufliegen, und so mussten die beiden den schönen Peloponnes verlassen. Wieder war es Safros, der ihnen half und ihnen sein Zimmer in der Nähe des von Greg doch so ambivalent erlebten Keramaikos überließ. Safros konnte woanders unterkommen, und so saßen Greg und Christine auf dem winzig kleinen Balkon über den Dächern der Altstadt und tranken türkischen Kaffee. Wie sollte es weitergehen? Christine hatte noch vor, ein oder zwei der bekannten Meteora-Klöster zu besuchen. Eine Besichtigung dieser strikten Männerklöster ist auch Frauen unter bestimmten

---

[19] Elytis, O., To Axion Esti – Gepriesen sei, Claassen (1969)

Bedingungen möglich. Dort zu wandern, war damals der Hit unter den Rucksacktouristen. Greg fragte sie:

„Willst du erkunden, wie gut Männer das zölibatäre Leben vertragen? In Indien ist es bekannt, dass die Mädels aus London und New York extra deswegen anreisen, um das keusche Leben der Sadhus zu testen".

„Daran habe ich nicht gedacht", entgegnete Christine. „Eher reizt es mich zu ergründen, ob diese wunderbare Geborgenheit alter Mauern, abgegriffenen Holzes und der herrliche Blick von den Felsen ins weite Land, sexuelle Enthaltsamkeit mit Leichtigkeit aufwiegen würden".

Greg lächelte süffisant über diese subtile Provokation, die seine lasziven Anspielungen und damit wohl auch seinen großartigen platonisch-manischen Eros lächerlich machen sollte. Ähnlich wie mit den Meteora Klöstern verhielt es sich mit der Samaria-Schlucht auf Kreta, die fast achtzehn Kilometer lang und zwischen bis zu sechshundert Meter hohen Wänden nicht nur als das größte Naturereignis dieser Art in Europa gilt. Sie war ebenso ein klassisches Muss für Griechenlandfahrer, die Abenteuer und Herausforderung suchten, und so empfahl Greg doch so eine Tour durch die Schlucht.

Doch damit konnten weder Greg noch Christine reüssieren und selbst für die Meteora-Klöster war es wohl auch zu spät. Einige Tage blieben noch. Natürlich würde man sich wiedersehen, beteuerten sie, wenn auch beide bei dieser Bemerkung sich selbst ein wenig unglaubwürdig vorkamen. Ein Vorort von Sydney, so weit weg! Und Gregs Gedanke, doch noch in den Orient und weiter zu fahren, so kühn, so fragwürdig. Das Geld würde nicht lange reichen, und in Asien Arbeit finden wie hier in Griechenland, um davon wenigstens eine Zeit lang leben zu können, erschien hoffnungslos.

Aber all dies beschäftigte und störte Greg nicht sonderlich. Er wollte weiterhin die Transzendenz nicht nur philosophisch und schon gar nicht schöngeistig und abstrakt lieben, sondern sie in sich spürend, fühlend, ja hörend lieben können. Geht das? Die mittelalterlichen Mystiker haben es doch gekonnt, und auch Sokrates – das war Gregs Überzeugung – muss es in seinen Meditationen, hinter seiner Stirne, dort innen, wo sich die optischen Nerven kreuzen (eine Auffassung, die er irgendwo aufgeschnappt hatte), geradezu geschaut, visualisiert und wie eine echte Berührung erlebt haben. Transzendenz ist nichts Vorgestelltes, es ist ein unsterbliches Wesen, das man in so einem Wortklangbild wie ‚athanatos' geradezu lieben muss, anders kann man es gar nicht erfahren. Greg versuchte, nicht schwärmerisch zu wirken, wenn er davon sprach. Aber wie sollte er es erklären?

Man muss es mit ein paar guten und starken Worten sagen, dachte er. Auch die Transzendenz war ja nicht körperlos. Man musste sie nur wie die Hände der Sonnenstrahlen bei Echnaton und Nofretete verstehen, also mythisch. In dem berühmten Bild dieses ägyptischen Königspaares streicheln Sonnenstrahlenhände Echnatons Körper. Die Transzendenz geht einen an, sie betrifft einen. Auch wenn sie einen nicht so direkt mit zärtlichen Händen streichelt, hat sie etwas von jenem ‚inner touch' an sich,[20] dem ‚inneren Sinn', dem Konästhetischen, das einen von innen her echt berührt. Die Berührung von außen her allein tut es nicht. Wenn man nur lange genug in sich hineinspürt, indem man zudem so eine Chiffre wie ‚athanatos' langsam und monoton gedanklich wiederholt – so verstand und praktizierte es Greg auch schon seit einiger

---

[20] Heller-Roazen, D., The inner Touch, Archaeology of a Sensation, zone books (2007)

Zeit –, fängt es an, von innen her hochzusteigen wie eine Pflanze, die in einer Blüte aufgehen wird. Mit Sicherheit.

Aber Transzendenz war ein falsches Wort, nicht wissenschaftlich genug, räsonierte Greg. Und der Versuch mit der Chiffre ‚athanatos' passte schon gar nicht. Wo käme man dahin? Doch mit dem christlichen Gott ging es auch nicht. Luthers Zeiten waren vorbei. Eben, da, an dieser Stelle, meinte er, etwas Grenzsprachliches setzen zu müssen, weil alles, was zu sehr verständliche Sprache ist, nur wieder die Gedanken darum kreisen lässt, vordergründig, nicht voll körperbezogener Innerlich- und Innigkeit. Doch jetzt wollte er zuerst einmal wieder mit Christine reden und witzelte:

„Da wir ja unsterblich sind, brauchen wir uns keine Gedanken über den Zeitpunkt unseres Wiedersehens zu machen, lediglich über den Ort müssen wir noch reden. Fällt dir dazu etwas ein?"

„Madras,[21] Mahapalipuram, wäre nicht schlecht, da fahren viele Australier hin, das ist nicht so weit von uns", erwiderte Christine. „Außerdem gibt es dort die Shri Ram Chandra Mission, von der mir eine Freundin begeistert erzählt hat. Eine Art von Yoga und Meditation. Sie nennen es auch den Sahaj Marg, the easy way, den leichten Weg. Dort würde ich ohnehin gerne hinfahren."

„Ich habe davon gelesen. Die SRC-Mission beruht auf sehr traditionalistischen Vorstellungen. Ist sie nicht sektiererisch bedenklich eingestuft worden? Aber anschauen könnte man es sich ja", meinte Greg. Und so redeten sie über Indien, die

---

[21] Heute heißt der Ort Chennai, aber damals war es Madras, somit muss ich den Roman ja in der damaligen Zeit sich fortsetzen lassen.

vielen, faszinierenden Regionen im Norden, in Rajasthan oder an der Malabar- oder Koromandelküste. Auch diese indischen Namen waren für Greg wieder einmal Anlass zu Berauschungen und gleichzeitig zu philosophischen Phantasien. Mircea Eliades Buch ‚Yoga, Unsterblichkeit und Freiheit' hatte Greg in seinem Gepäck, und man muss dazu sagen, dass Eliade ja damals mit seinen ca. fünfzig Veröffentlichungen als Religionswissenschaftler und Philosoph weltweit anerkannt war.

In einer Rezension schrieb ein Leser: 'Eliades Buch war eine Offenbarung für mich! Die fundierte Geschichte indischer und ferner asiatischer Philosophie. Obgleich er immer aus der Perspektive des Eingeweihten, Innenstehenden spricht, entpuppt er sich stets als eiserner Skeptiker, denn hinter all dem zeigt er am Ende auf, dass jegliche Religion nichts anderes ist als eine progressive und dynamische Auslese und Assimilierung von Ideen und Phantasien über die existentiellen und immer noch unbeantworteten Fragen des Menschen'. Und so fasst er auch das Wort ‚Unsterblichkeit' als relativ auf, so wie es auch schon Goethe in seinem Spruch: ‚Willst du ins Unendliche schreiten, geh im Endlichen nach allen Seiten' getan hat.

Doch so etwas dachte Greg nicht. Im Grunde genommen wusste er gar nicht so ganz genau, was er eigentlich meinte und wollte. Es müsste etwas sein, das an Platon und sein „pasa athanaton", seinen hohen manischen Eros, seine Eudaimonia und an den ‚touch' der Inner-Innersten anschließen sollte. Es schwebte ihm wohl vor, dass das Leben so vielschichtig, so reich, so durch und durch erotisiert und animiert wäre, sodass es einem als schön und ewig vorkäme, also als unsterblich. Dabei wollte sich Greg ganz an den Phaidros halten, worin ja steht, dass es hauptsächlich die Rede ist und es nicht die Schrift und nicht die Bücher sind, die das Wesentliche der Seele und ihrer Grenzenlosigkeit vermitteln können. Platon lehnt dies ausdrücklich ab, indem er den ägyptischen Gott Theuth erwähnt, den Schreiber- und Schrift-Gott. Doch – und jetzt kommt es wieder – von dem ‚wahrhaft Wissenden' gilt selbst die Schrift als wesentlich. Das war für Greg so wichtig, weil er selbst daran dachte, einmal etwas schreiben zu können. Reden über diese Dinge wie das Unsterbliche ist heute nicht mehr modern. Aber schreiben geht immer. Doch nur mit der genannten Einschränkung.

„Selbst wenn wir uns im Abendhimmel von Madras treffen würden, würden unsere Seelen nicht das Unsterbliche berühren, oder, was meinst du?", fragte Greg.

„Ich glaube wie du, dass wir uns nur im gemeinsamen Austausch, Gespräch und Meditation wirklich treffen werden, aber das wird nicht unendlich sein – mein Gott, das wäre ja eher schrecklich", sagte Christine.

„Nein, das ist nicht schrecklich. Es muss einen Namen geben, in dem wir uns treffen, in dem wir uns aufrufen können, egal wo wir sind. Es muss der erotischste Name sein, den wir erreichen können". Dabei dachte er wieder an das Grenzsprachliche und den „Erinnerungsakt", verwarf die Gedanken jedoch sofort wieder. Er war sich klar darüber, dass Christine ihm hier erneut nicht folgen würde. Christine verstand auch das mit dem Namen nicht ganz. Erst gestern hatte Greg, als er ihren nackten Körper umfasste, zu ihr gesagt: „Du fühlst dich so gut an, du riechst wie Wacholder und Iris zusammen, du schmeckst so gut nach Lyrik, nach Hymnos, nach . . . Poesie".

Auch davon war Christine nicht so überzeugt. So ganz wusste sie nicht, was er meinte, auch wenn sie es schön fand.

Wenigstens nicht wieder ein Fremdwort. Während der Reise von Nauplia nach Athen waren sie sich noch einmal sehr viel näher gekommen. Sie hatten über ein paar ernsthafte Dinge aus ihrer Vergangenheit gesprochen. Christine hatte erzählt, dass sie schon einmal eine Abtreibung hinter sich hatte, und Greg hatte auch gestanden, dass eine frühere Freundin von ihm sich ebenso dazu gezwungen sah, weil weder er noch sie einen Ausweg wussten. Sie hätte wahrscheinlich das Kind gewollt, wenn er dazu gestanden hätte. Aber er hatte gerade zu studieren begonnen und hielt es für unmöglich. Doch dann redeten sie darüber, dass ihre gegenseitige Liebe echt und tiefer gehend war. Doch so ein für Greg immer noch dramatisch-hochtrabendes Wort wie ‚Heirat' fiel – so sah er es – glücklicherweise nicht.

So etwas hatte Greg vorhin mit dem ‚Namen' auch nicht gemeint. Wahrscheinlich hat er dabei an nichts Spezifisches mehr gedacht. Ihm schwebte wohl eher eine ‚hohe Zeit' vor, wenn eben auch nicht in der Form einer zur Heirat heruntergestuften ‚Hochzeit'. Heirat kommt von altsprachlich ‚hired' Haushalt, während Hochzeit ein Fest bedeutet, was doch ein deutlicher Unterschied ist. Haushalt war sicher das am wenigsten Erfreuliche, das Greg sich vorstellen mochte. Doch ein ‚hohes Fest' konnte man immer feiern, und Greg meinte, dass ein solches auch Platons positiver Mania zu Grunde lag.

Das mit dem ‚Namen', in dem man sich treffen kann, klingt fast so, als hätte Greg doch auch schon von den Psychoanalytikern etwas gelesen. Aber in der Fülle dessen, was die Psychoanalytiker unter dem ‚Namen' verstehen, hat er nichts gewusst und es auch nicht so meinen können. Was sollte das heißen, dass man sich im ‚erotischsten Namen' treffen müsste? Das ‚athanatos' hatte er ja schon verworfen. Aber bei Platon steht auf der vorletzten Seite des Phaidros etwas von jenem ‚Eponymos' (besonderen Namen), mit dem man den ‚wahrhaft Wissenden' den ‚Sophos', den weisen Philosophen nennen muss. Irgendetwas muss Greg davon noch im Kopf gehabt haben, ohne den genauen Zusammenhang zu wissen. Das fiel ihm jetzt wieder ein.

Es geht bei Platon um den ‚Namen' als solchen, als besonderen, als Eigen-Namen, jedoch nicht im sozialen, behördlichen Sinne, sondern als Gründer-, als Urheber-Name, als Losungswort. Als Eponyme werden heutzutage Krankheiten nach ihrem Entdecker bezeichnet. Und als der eigentliche, zutreffende Name im Unbewussten, spielt ‚Eponymos' auch in der Psychoanalyse eine große Rolle. Nicht nur beim ‚Rumpelstilzchen' trägt der Name das ganze Geheimnis der Seele in sich, auch sonst kommt im Vorgang des analytischen Gesprächs irgendwann der Name dessen heraus, der am besten das Problem, den Komplex des Patienten enthüllt.

Es geht also nicht um einen Namen, den man kommunizieren kann, sondern um einen, der enthüllt werden muss, weil er dann die den Menschen unbewusste Wahrheit preisgibt. Auch Rumpelstilzchen gibt seinen Namen erst nicht heraus, aber als die Prinzessin ihn schließlich doch erlauscht hat, ist Rumpelstilzchen erledigt. Der kleine Kerl heißt nicht umsonst so. Das Wort „Stilzchen"/„Stelze" verweist eindeutig auf die männliche Sexualität, die man eben nur dann leben kann, wenn man sich auch der Symbolik dieses männlichen aggressiv-erotischen Wesens bewusst ist. Das hat der Psychoanalytiker O. Graf Wittgenstein eruiert.[22]

Es ist die Geltungssucht des Vaters, der seine Tochter zur Königin machen will. So etwas kann nur daneben gehen. Die

---

[22] Wittgenstein, O. Graf von., Sagen, Hören, Sehen. Vom dreiteilig einigen Menschen, Bonz (1982)

arme Tochter gerät daher in die Falle dieses übertriebenen und aggressiv-erotischen Wunsches, aus Heu Gold zu machen. Sie soll ihr Kind hergeben, das Resultat ihrer Liebe, ihrer Erotik, aber auch ihrer Lebensplanung. Graf Wittgenstein sah im Heu das Bett und im Stelzchen den Penis des Mannes. Erst als klar wird, dass der in sich selbst verliebte Sex (Rumpelstilzchen tanzt ums Feuer und feiert sich) ausgesprochen und nur bei diesem Namen genannt werden muss, um gebannt werden zu können, verschwindet der ganze Spuk. Schließlich ist er nur ein Rumpel-Pumpel. Das Mädchen kann den Königsohn heiraten und ihr Kind behalten, das so wichtig für ihre Liebe, aber auch für den Erhalt des Königreiches ist. Man darf nicht vergessen, wie wichtig das damals war.

Im alten Athen, aber auch im Mittelalter war nur so etwas Namenbezogenes der wahre Eros. Hier, bei dem Märchen, gipfelt er zuerst in einem Namen, der ausgelöscht werden muss. In anderen Märchen und Mythen muss er erst gefunden werden. Und auf das scheint Gregs Bemerkung zu zielen, obwohl er von den tieferen Zusammenhängen gar nichts weiß. Auf jeden Fall ist der Name als solcher, ‚Eponymos‘, der Name, der noch wirklich etwas ganz besonders nach seinem Wesensgrund benennt, man müsste fast sagen: ‚benamt‘, immer mit so etwas wie einer Kraft oder einem Wissen verbunden.

Trotzdem erzählte Greg Christine nichts von diesem ‚Eponymos‘, vielleicht intuitiv, vielleicht auch, weil er inzwischen zu gut wusste, dass Christine darauf wohl wieder negativ reagieren würde. So spitzfindige Linguistik interessierte sie nicht. Und selbst als Greg wiederum meinte, sie würden beide wie ein Gedicht unvergänglich eins sein, egal, ob er jetzt mehr sinnlicher Natur ist oder vom Olymp herunterweht, gab ihm Christine keine Antwort. Vielleicht hat sie recht, dachte er, heute, wo wir nicht mehr an den Olymp glauben, was bedeutet dann die in den oberen Gefilden tobende erotische Mania? Es muss noch ein verborgenes Geheimnis geben. Nun ist es kein mythisches, magisches Geheimnis, wie es noch U. Eco in seinem Buch ‚Der Name der Rose' versucht hat. Eco selbst behauptete, mit dem ‚Namen' nichts Besonderes gemeint zu haben. Der Text kommt aber darauf zu sprechen, dass, wenn die Namen aller sie betreffenden Dinge entkleidet sind, nur die ‚nackten Namen' übrigbleiben. ‚Eponymos' ist solch ein ‚nackter Name'. Es geht um ein philosophisches Geheimnis, der Weise kann es lösen.

Solche ‚nackten Namen' erinnern an die ‚toten Signifikanten' von Lacan, der erklärte, dass das Entscheidende beim Sprechen eben die Leerstellen, die linguistisch toten Elemente, sind, die dem Ganzen des Aussagens seine Würze und Bedeutung geben. Rumpelstilzchen ist ein toter, nackter Signifikant. Es rumpelt und stelzt da so herum, dass kein Zweifel an seiner rohen, sexuellen Natur herrscht. Aber die Beteiligten merken und wissen das nicht. Irgendwie haben sie alle wirklich geglaubt, dass man Stroh zu Gold machen kann und dass ein Mädchen aus der einfachsten Sozialschicht und ein Königssohn das Reich retten können. Mythos und Alchemie waren im Mittelalter gang und gebe. Erst als jemand den ‚nackten Namen' ausspricht, wird der lächerlich-intime Hintergrund bekannt. Vielleicht hat der Königssohn schon vorher mit dem Bauernmädchen das Kind gezeugt, und dann musste eine Riesengeschichte erfunden werden, wie man das Kind ins Herrscherhaus bringt. Vielleicht war es des Königssohns eigenes Rumpelstilzchen, das man dann mit so einem Märchen verbrämen musste.

Es handelt sich also um etwas, das beim Schreiben zwischen den Zeilen steht und in der Physik in den ‚Schwarzen Löchern' zu Hause ist: eine Nullstelle, ein Nichts, das notwendig ist, um von einem Etwas reden zu können oder um eine Peinlichkeit hoffähig zu machen. Darum herum konnte man gut philosophieren. Denn dadurch konnte man immer wieder darauf zurückkommen, dass das Eigentliche, das Unbekannte, das Verdrängte, der Eros in seiner Gänze ist: Liebe, aber doch auch Sex. Platonische Lieb-ido, in der sich die unterschiedlichsten Körper-Seelen, Seelen-Körper verbinden. Erotische Mania, aber philosophisch stark erhöht.

Wie schon erwähnt, muss man Platons ‚Lieb-ido' mit langem ie schreiben, denn es geht um den Eros in seiner Gänze, Eros in die höchste, in die philosophische Form der Mania gehoben. So ist auch Freud zu verstehen. Seine ‚Sexualtheorie' kreist nicht um die Sexualität, um den Sex, sondern um das ‚infantil Sexuelle', also um den ‚ungeschlechtlichen Sex' wie es der Semiotiker R. Barthes formuliert hat: ‚Le sex est partout sauf dans le sex', was man übersetzen könnte mit: ‚Der eigentliche Sex ist nicht der geschlechtliche'. Er ist zwar philosophische Manie und damit dynamisch, phantastisch, reinstes Genießen, aber eben nicht genital sexistisch. Ist das zu verdreht?

Es ist nicht schwer zu verstehen, dass Freud die Intensität der Mischung aus Bindungs- und Spannungs-Liebe in der Kindheit mit dem Begriff des Sexuellen als solchem bezeichnet hat, also einer nicht unbedingt geschlechtlichen ‚Lieb-ido'. Er quälte sich zwar mehrmals damit herum, von der ‚desexualisierten Libido' bzw. dem ‚desexualisierten Eros' zu sprechen, also einem ziemlichen Paradox. Doch andererseits zweifelte er nicht daran, dass sich dieser Widerspruch von nicht mit erotischer Energie aufgeladener erotischer Energie unter dem Begriff einer ‚sublimierten', also ins Sublime, ins völlig Verfeinerte hinein gelangten Libido auflösen kann.[23] Dieser Begriff einer ‚sublimierten Libido' wird also perfekt durch die Schreibweise ‚Lieb-ido' wiedergegeben. Könnte so etwas nicht zur Anamnesis, zum Erinnerungsakt des philosophisch manischen Eros passen?

Ja, die Lieb-ido-Schreibung ist vielleicht sogar verständlicher. So war Greg auch nicht nur ein Erotomaniker des Körperlichen, sondern auch einer der Landschaften, Farben und mediterranen Gewächse, und überhaupt ein von Schaulust und Griechentum neugierig gemachter Suchender. Ein ‚Liebidinöser'. Deswegen fotografierte er ja auch nicht, und deswegen war und wurde er auch nie ein Altphilologe, den die wissenschaftliche Wahrheit Griechenlands interessiert hätte. Er war wirklich ein philosophisch erotischer Maniker, wenn auch seine Philosophie bei weitem noch nicht ausgereift war. Er war ein Träumer ohne wirklichen Blick und ein Sucher ohne wirkliches Ziel.

Doch solche Gedanken wie die vom ungeschlechtlichen Sex könnte Christine auch gehabt haben, als Greg sie einmal danach fragte, was Sex für sie sei. „Wenn ich den Wunsch habe, nicht allein zu sein, das ist Sex für mich", sagte sie. Greg war leicht entsetzt. Für ihn war Sex zwar philosophisch manisch, aber gleichzeitig nicht ohne den geschlechtlichen Sex zu denken. Wenn er zu dieser Zeit die Freud´sche Lehre gekannt hätte, hätte er den ungeschlechtlichen Sex als den der frühen Kindheit darin einbezogen, aber der geschlechtliche hätte dominiert. Ist Kochen und mit Freundinnen ausgehen vielleicht für sie lustvoller als Sex, fragte er sich. Nur nicht alleine sein,

---

[23] Freud, S., GW XIII, S. 273-276 und GW XIV, S. 194, Fischer (1999)

klingt das nicht eher nach Todesangst, dachte er? Allerdings betonte Greg immer, dass er darauf achte, was die Partnerin empfinde, und wenn deren Empfindungen besonders intensiv sind, dann ist der Sex auch für ihn perfekt. „Gut", ergänzte Christine, „dann geht es bei mir eben um den Wunsch, mit einem Mann zusammen zu sein, den ich liebe, den ich gerne mag, zu zweit zu sein eben. Und darin kann freilich jede Art von Sex, auch deiner, mit eingeschlossen sein. Muss man das alles so scharf voneinander trennen?"

Bei Freud war der Sex also etwas, das – auch ungeschlechtlich – in der Kindheit vorherrscht und lediglich den Charakter des aus dem Erwachsenenleben abstrahierten Sexuellen hat. Diese Auffassung hatte zwei Gründe. Erstens war der typische Charakter, die Art und Weise eines Triebanspruchs und dessen Abfuhr gemeint, indem solches auch in der frühen Kindheit vorherrscht und dem Geschehen bei der Befriedigung eines Bedürfnisses gleicht. Hunger- und Durstgefühl müssen auch durch Nahrungsaufnahme befriedigt und deren Spannung abreagiert werden. Doch der Appetit, den Hänsel und Gretel nach Süßem verspüren, hat diesen sexuellen aber eben auch ‚infantilen' Charakter. Und so war zweitens der Begriff des Sexuellen von Freud auch provozierend gemeint. Freud wollte den Lüstlingen, die sich hinter hohen Staatsidealen und Wissenschaften versteckten, die geheime, nämlich ‚infantile' Wahrheit ihrer Motive vermitteln.

Was nicht gesagt werden kann, nicht ausdrücklich logisch dargestellt und formuliert werden kann wie der Sex eben, existiert daher nicht – so etwas hätte Greg überhaupt nicht gefallen. Dass Lacan dann auch noch behauptete, der sogenannte Sexualakt sei eine Freud'sche Fehlleistung, ein Patzer, und der Mann ejakuliere nur auf dem Höhepunkt seiner Angst, hätte Greg nicht verstanden und damit voll abgelehnt.

Er wollte doch mit der Partnerin auch den sogenannten gemeinsamen Höhepunkt als die ‚erotische Mania' verstanden wissen, die alles umfassend und alles-verstehend ist. Es sollte die Sprache ohne Worte sein, oder umgekehrt, eine ‚Liebido', die sich wortwörtlich mitteilt. Doch Christine wollte und konnte da nicht ganz mithalten. Das alles erschien ihr als eine der seltsamsten Verdrehungen, die möglich sind.

„Was ist dann mit den Höhepunkten, die wir mit den Kindern erleben, die wir in die Welt gesetzt haben?", fragte sie. „Und die Höhepunkte deiner Landschaften, deiner Opuntien und Zypressen und deiner Thesen aus dem ‚Phaidros'?" fragte sie weiter.

„Oh, es soll der Ardettos-Hügel gewesen sein, auf dem Sokrates mit ‚Phaidros' spazierte. Und wie die beiden von seiner Schönheit schwärmten! Die Platane, das Wasser, der Blick hinunter zur Stadt – alles war eingebettet in ihr Philosophieren. Ardettos, auch schon dieser Name alleine lässt einen fliegen! Der Blick streift weit über die ganze Stadt, meilenweit! Ja, du hast recht, es gibt viele Möglichkeiten, um auf erotische Weise glücklich zu werden".

Und so werden wir eben eines unserer Kinder Ardettos nennen, dachte Christine bei sich. Sie war in der Gegenwart Gregs vollkommen vom familiären Idyll erfüllt – seltsamerweise. Denn Greg ließ nun wirklich nichts hören, was auf ein gemeinsames späteres Familienleben hingewiesen hätte. Und vielleicht war es gerade das, dass sie in seiner Nähe ganz besonders daran denken musste, was ihre Beziehung so verwirrend mitgestaltete. Sie wollte eine Familie. Schon gar, seitdem ihre Eltern tot waren. Es musste zwischen beiden tatsächlich einen ‚toten Signifikanten' geben, etwas, das also eine große Kluft zwischen ihnen darstellt, diese aber umso mehr danach drängt, durch ein Wort, einen Begriff, einen

Namen, kurz: durch irgendetwas Wahres überbrückt zu werden. Hier setzte Greg jedoch zuerst einmal auf die Philosophie Sokrates' und Platons, obwohl manches nicht wirklich so ganz genau übereinstimmte, wie er es dachte.

„In Platons Symposion (Gastmahl) sprechen verschiedene Herren der Athener Kulturszene über das Thema des Eros", dozierte Greg. „Manche unterscheiden den mehr ‚himmlischen' vom ‚Allerweltseros', andere heben die Liebe zwischen dem reifen Mann und dem schönen Jüngling als Förderer der Tugend hervor. Meistens wird er jedoch als Mittler zwischen Gott und Mensch gesehen, so auch von Sokrates, der geschickterweise eine Frau über die Wahrheit des Eros räsonieren lässt. Diotima von Mantinea sagte, dass der reiche, findige, großartige Poros trunken vom göttlichen Nektar in der Pause eines großen Festes aus dem Palast getreten sei. Vielleicht hat er ein paar Züge geraucht, jedenfalls kauerte Penia, die Armut, auf den Stufen zum Festsaal und nahm sich des müden und schwankenden Gottes an, und so hätten sie Eros gezeugt, dieses vom Sinnlichsten bis zum Höchsten drängende Wesen".

„Am Schluss erweist sich Sokrates zwar als perfekter Psychoanalytiker. Er deutet nämlich die Lobhudeleien, die der betrunkene Alkibiades, der schönste und eloquenteste Jüngling Athens, auf ihn hält, nur als sein unbewusstes und eher im unteren Bereich des Eros angesiedeltes Verlangen, Sokrates seinen Platz wegnehmen zu wollen: nämlich den, neben dem schönen Dichter Agathon sitzen zu wollen. So führt Sokrates – ganz freudianisch – den Anspruch (ein großer Redner zu sein) auf den Trieb, aufs wahre Begehren zurück: ‚Es ist immer das Gleiche', fluchte Alkibiades, ‚wenn Sokrates dabei ist, kann kein anderer etwas von einem Schönen haben. Immer hat er den besten Platz!' Doch Diotima hat als den höchsten Eros den ausgewiesen, in dem man die Unsterblichkeit liebt.[24] Liebe als ewige Sophro- und Dikaio-Syne (Besonnen- und Rechtschaffenheit)".

Doch muss man als Mann nicht irgendwann einmal Vater werden, Familienoberhaupt, Vorbild und Welterklärer für die Kinder? war Christines Gedanke "after all that spiritual talk and gossip". Ja, gossip (Gesumse) dachte sie. Beide machten sich auf, ein Stück mit dem Bus und dann zu Fuß nach Phaleron zu gehen. Er wollte ihr unbedingt den Ort seiner frühen vagabundierenden Streifzüge zeigen. Sie gingen auch bis Gliphada. Bei ihren Wanderungen gab es ein wohltuendes Schweigen und Gespräche, die nicht so kompliziert waren. Sie sogen die salzbeladene, würzige Meeresluft ein und liefen sogar ein Stück schnell am Strand entlang. Sich bewegen, Arme und Beine fliegen zu lassen, in diesen fast etwas ausgelassenen Übungen waren sie sich ganz einig. Auf eine Anhöhe stürmen, um den Blick über die ganze Ägäis zu haben, sollte wohl den immer noch nicht ganz gelungenen gemeinsamen Höhensturm ihrer Seelen kaschieren. Aber sie tobten sich aus und dachten auch darüber nicht nach.

Ja, einerseits hätte Christine mit diesem Kerl schon zusammenbleiben wollen. Er war nicht so grob gestrickt wie die australischen Männer, die oft Farmer waren und etwas von Schafschur verstanden. Greg war schlank, während die Australier kräftige, bullige Typen sind, weißhäutig und am ganzen Körper rötlich behaart. Sie vertilgen jede Menge Alkohol, während Greg ein Liebhaber des griechischen Retsina war, eines weißen, trockenen Tafelweins aus Böotien, der mit Harz versetzt wird. Das Zeug ist bekömmlich, und viel kann man davon trotzdem nicht trinken. Aber auch sonst – bei allen

---

[24] Platon, Symposion, Sämtl. Werke, Insel-Verlag (1991) S. 144

Nachteilen – erschien ihr Greg als der Richtige. Natürlich fragte sie sich ständig, ob aus ihm jemals noch ein gestandener Mann mit handfestem Beruf, Familiensinn und Landläufigkeit werden könnte. So ein spinnöser Außenseiter durfte er nicht bleiben.

Doch sie machte seine Eskapaden nicht ungern mit. So ließ sich Greg in Phaleron ein uraltes Fischerboot gegen Kaution geben, um damit ein bisschen die attische Küste hinaufzusegeln. Sie kamen damit sogar bis Sounion und von dort aus noch bis Kea, einer vorgelagerten Insel. Beides, Sounion und Kea, waren ein echtes Abenteuer. In Sounion schliefen sie auf den Podesten des Poseidontempels, dessen Säulen, die weit über die Ägäis schauen, fast jeder kennt. Heute jedenfalls. Damals war man abends dort alleine. Sie packten ihren Retsina aus und zwei Fische, die sie auf dem Weg gefangen hatten und über dem offenen Feuer braten konnten.

Und in Kea luden sie zwei kleine Fischerjungen in ihre Behausung ein, die sie sich aus Zweigen und Blättern gemacht hatten, wie die ganz, ganz alten Hellenen. Greg schenkte ihnen zwei Kugelschreiber, von denen er immer ein paar mit sich trug, und auch etwas Papier. Die Kleinen begannen sofort, herum zu kritzeln, und Christine dachte nur eines: Greg würde doch ein richtiger Familienvater sein, mit Kindern kann er es jedenfalls. Auch in Athen hatte er schon des Öfteren mit Kindern herumgescherzt. Nach drei Tagen waren sie wieder in Phaleron zurück. Noch auf dem Rückweg hatte Greg das Thema Unsterblichkeit wieder aufgegriffen.

Doch sie wollte nun absolut nicht wieder etwas Neues davon hören und erwiderte:

„Kann einer von deinen Namen oder eine von deinen Chiffren unsterblich sein? Sie müssten doch ständig weitergegeben, irgendwo definitiv aufgeschrieben worden sein und weiter geschrieben werden. Aber die Münder, die davon erzählen, sterben genauso aus wie die Papierseiten, die es gedruckt enthalten".

„Dazu muss ich mir noch etwas ausdenken", meinte Greg. „Ich denke an Gedichte, an Lyrik. Funktionieren die Verse nicht oft an einer Grenze des Verstehens? Sie sagen es nicht, und doch klingt ein Wortklangbild heraus, das etwas sagt. Schau, ich habe die Preislieder von Saint-John Perse hier" - und Greg kramte etwas aus seiner Tasche heraus. „Er dichtet lyrisch, fast singend, rezitierend:

Heureuse la courbe qui s'inscrit au pur délice de l'amante (Glücklich die Krümmung, die sich einschreibt in die reine Wonne der Geliebten) . . . . und weiter:

Celle qui repose sur sa hanche droite, la face close contre moi – et grands vases ainsi voyagent (Diese, die auf ihrer rechten Hüfte ruht, das verschlossene Antlitz an mich gelehnt – und große Vasen reisen so . .)

Hörst du's heraus? Das Wortklangbild, der Name an der Grenze der Sprache."

„Das könnte mir gefallen, das erinnert mich an eine mystische Schrift, die in allem steckt", sagte Christine. „Aber so etwas ist doch gerade das, was dir zu wenig sachlich ist, too little professional, zu wenig fachgerecht".

Greg gab ihr recht. Er wollte ja nur sagen, dass ein gewobenes, Silben und Laute durchwindendes Gedicht beim Hörer etwas auslösen müsste, dass eigentlich ungesagt dahinter stecken würde, in Sait-John Perses Gedicht der Liebesakt. Aber Greg war klar, dass man sich so ja nicht in üblicher Weise unterhalten konnte, indem man für jedes Wort ein Rätselgedicht aufsagen würde. Seine Entdeckung sollte dem Denken Platons folgend auch in den heutigen Wissenschaften erklärbar sein. Er fand das Gedichtbeispiel albern, auch wenn es, wie er weiter dachte, doch so vielseitig und vielbedeutend war und in sich eben dieses Unsterbliche verbarg, das, banal ausgesprochen, nur tödlich sein konnte. Hätte Saint-John Perse geschrieben: „Und da war ein Liebesakt", hätte er nur eine Peinlichkeit von sich gestoßen.

Dennoch war Greg völlig klar, dass die Materie nicht unsterblich sein konnte und auch nicht der reine, abstrakte Geist, der flüchtiger war als die Gedanken. Aber die platonische Seele hatte an beidem teil, und es konnte sie überall und jederzeit als unsterbliche geben. Nur war so wieder das Problem da, was man praktisch logisch damit anfangen könnte. Es sollte nicht nur Theorie sein, aber auch nicht nur Yoga oder Religion mit ihren ritualistischen Praktiken. Es sollte sich auch nicht um ein Kosmos-Geschwafel handeln, Spirituell-Kosmisches, wie es die Leute anhimmeln, als hätte dies irgendjemand einmal gesehen oder gar bewiesen. Und Saint-John Perses Preislieder konnte man lesen und wieder lesen, aber Unsterblichkeit erreichte man nicht.

Da war es gut, angekommen in Pahleron, wo es nach Hafen und Thymian roch – im Cafenion gleich neben den Booten erst Kaffee und dann Retsina zu trinken. und dazu ein paar selbstgedrehte Zigaretten zu rauchen. Doch diesmal war es eine Papastratos No. 1, fertig gekauft. Christine hielt da gerne mit, wenn auch nicht so ausgiebig wie ihr ‚lover', ihr ‚Super-Erotiker', wie sie Greg manchmal nannte. Nicht ‚Erotiker' protestierte Greg dann stets, sondern εραστες (erastes), die griechische Bezeichnung für Liebhaber. „Wenn, dann bin ich der erastes".

„Nur dumm", ergänzte Greg, „dass der Liebespartner oft ‚eromenos' heißt, also der Geliebte, als männlich bezeichnet. ‚Eromene' müsste es doch immer heißen, die Geliebte ist doch die Frau. Ich habe gelesen, dass es nur vereinzelt zu sexuellen Kontakten bei den griechischen Pädophilen gekommen ist", beschwichtigte er daher. „Platon schwärmt ja davon im Symposion. Mir ist es trotzdem unvorstellbar, einen Lehrer, einen Guru, zu haben, der einen sexuell anmacht. Der platonische Eros geht ganz in der Seele auf, zu der auch die Schönheit des Körpers gehört, gewiss".

„Kannst du männliche Körper im gleichen Maß von Schönheit sehen wie weibliche?" fragte Christine zurück. „Ich meine, wenn du ganz von der Schönheit ausgehst, nicht von der Erotik, kannst du beide, Männer und Frauen gleichermaßen schön finden und dich unabhängig von ihrem Geschlecht an ihrer Schönheit ergötzen."

„Ergötzen klingt vielleicht ein bisschen happig, aber ich verstehe, was du meinst. Ja, kann ich schon, aber ich tue es eigentlich selten. Ich sehe es eben doch auch von der Erotik her. Oder auch nicht, ich weiß es nicht so genau", war Gregs Statement. Er war sich wirklich nicht ganz klar. Musste man das können, fragte er sich? Greg hatte irgendeine Vision von Schönheit, Erotik und Zeitlosigkeit, die er sich nicht zerstören lassen wollte.

„An die Statuen von Praxiteles und Michelangelo kommen die meisten Männer nicht heran, muss ich mir noch mehr vorstellen", fragte Greg. „Es sollte Mann und Frau geben, insofern sie biologisch, aber auch von ihren Einstellungen her, vom Verhalten, Fühlen, Träumen und Phantasien her eben männlich und weiblich sind. Damit umkreisen sie ein Geheimnis, das sie zum Paar macht, ohne dass man Weiteres dazu sagen muss. Ist es nicht umständlich, männlich und weiblich für undefinierbar zu halten, eben weil eine Frau männlich scheinen kann und ein Mann weiblich?"

„Ich kann mir vorstellen, eine Frau zu lieben, weil wir als Mädchen unglaubliche Liebesgeschichten miteinander geteilt haben", erklärte Christine, „aber heute würde es nicht mehr gehen. Ich brauche einen Mann, der anders denkt als ich."

Doch gerade im Denken, so es unterschwellig, unbewusst ist, sollte es nach Gregs Vorstellungen keinen Unterschied geben und damit auch nicht im Sprechen. Das unbewusst sprachliche Denken ist uns allen gleich, meinte er. Selbst Stalin, der wie alle Kommunisten jedwede Kultur nur für einen ‚Überbau' – gestülpt über die gesellschaftliche Basis – hielte, sagte, dass die Sprache etwas Originäres und kein ‚Überbau' wäre. Und selbst wenn nicht die Sprache, die wir sprechen, so doch die unbewusste ‚symbolische Ordnung', nach der sich alles Sein richtet. Die Dinge können sich doch nicht nach sich selbst richten, dachte Greg.

„Bevor ich hierherfuhr", sagte Christine, „sprach ich mit jemanden, der eine Meditation macht, in der man auch auf so eine Art seine innere Stimme hören lernt. Als er mir dann die übliche Geschichte von Orpheus und Eurydike erzählte, dass Orpheus so eine wunderbare Stimme hatte, mit der er sie aus der Unterwelt holen wollte, aber beim Hinausgehen sich nicht umdrehen durfte, dachte ich mir, dass meine innere Stimme diese Geschichte ganz anders erzählen würde. Orpheus hat sich so schlecht gegenüber Eurydike verhalten, dass sie ihm abhandengekommen ist. Aber da er ein begabter Künstler war, kehrte sie noch einmal zu ihm zurück. Er durfte sich aber nicht umdrehen und wieder nörgelnd und stänkernd auf sie einwirken. Da er dies jedoch wieder tat, verlor er sie für immer."

„Klingt gut, was du sagst", bestätigte Greg. „Aber hör meine Geschichte. Eurydike war zu langweilig, zu frigide beim Liebemachen. Deswegen ging sie in der Beziehung abhanden. Aber mit seinen verführerischsten Künsten holte Orpheus sie wieder zurück. Doch er hätte nicht zu sehr auf den rohen Sex, aufs reine Bumsen, schauen sollen, und so verlor er sie wieder."

„Klingt auch gut, aber denkst du das wirklich?", kommentierte Christine seine Version. Nein, er dachte das nicht wirklich. Er liebte es, die Mythen erotologisch umzudeuten und sie sozusagen auf diese Weise in die Moderne zu übertragen.

Sie fuhren mit dem Bus zurück zum Syntagma-Platz und schlenderten ein wenig durch die Stadt. Am Odós Mitropóleos warfen sie einen Blick in die kleine Kirche Agía Dínami. Wahrscheinlich waren es auch hier nur die klingenden Namen, die Greg zu diesem Besuch bewegten. Ein Blick von ein paar Sekunden konnte nicht schaden, meinte er. Mehr Zeit wollte Greg nie für Besichtigungen verschwenden, denn die Hauptsache bestand für ihn darin, möglichst immer er selbst zu bleiben. Bei sich. In sich. Auch im Akropolis-Museum hatte er sich nur für den Tuffstein-Giebel interessiert, der Herakles im Kampf mit der Hydra von Lerna, der neunköpfigen Wasserschlange, zeigt. Ein dicker Krebs will ihr helfen und zwickt Herakles in den Fuß, der nunmehr nach seinem Wagenlenker Iolaos ruft, damit dieser einen nahen Wald abbrenne, um die Hydra zu schrecken. Alles andere ließ Greg nur so auf sich wirken und eilte schnell durch die Räume. Christine musste sehen, wo sie blieb. Sie fühlte sich von seinen Schnellbesichtigungen gedrängt, informierte sich aber dennoch genau.

„Warum alles genau wissen, wie es einem die langatmig schwafelnden Fremdenführer erklären", schimpfte Greg. „Du musst dich fühlen wie die Menschen sich vor über zweitausend Jahren gefühlt haben. Die Säulen des Parthenon, die einfachsten Steinplatten, atmen noch den Geist der damaligen Zeit aus und lassen einen das sanfte Vibrieren spüren, das die Nähe der Götter, der Olympier, verrät. Ob das jetzt um fünfhundert oder vierhundertfünfzig vor Christus erbaut wurde, ist doch schnurzegal. Hauptsache, du hast ein Glücksgefühl beim Durchwandern der Räume, hast die Empfindung, dass die Statuen plötzlich fast wie lebendig werden. Alles andere kannst du nachlesen."

Auch da konnte Christine ihm nicht folgen. „Es stimmt schon, dass man nicht alles bis auf den Punkt genau wissen muss, aber man kann sich doch auch in the guide's fluency, in die Zungenfertigkeit des Führers, fallen lassen, mit ihm gehen lassen. Manchmal sagt er doch etwas Interessantes, was man vielleicht nie mehr vergessen kann".

Aber wie wird sie sich dann mit mir in den gemeinsamen, großen Eros einschwingen, dachte Greg bei sich, wenn sie noch die platten Worte des Fremdenführers im Ohr hat? Ein wenig kann man ja aufschnappen, doch dann sollte man sich der Lust an der gewichtigen Kraft der Steine hingeben, der Gewalt ihrer Schwere, der Mächtigkeit ihrer Jahrtausende. Sie atmen die Geschichte Homers zwar nicht, aber sie strahlen sie aus, sie summen, sie dröhnen sie. Lieber nachher noch im Buch etwas nachlesen, wenn man Ruhe hat und im Schatten der verknorpelten Kiefern sitzt, betört von ihrem ätherisch öligen Duft. Dennoch konnte ihn Christines Andersartigkeit, ihre häufig differenten Meinungen oder auch nur schnippischen Gesten nicht wirklich in Ruhe lassen. Man wird nie Ruhe haben, dachte er sich. Man wird nie so total, so eingewurzelt und gestärkt werden, wie all diese

Vermischungen von Antike und Natur es sind, die in sich selbst ruhen können. Warum eigentlich?

Natürlich liebte Greg Christine inzwischen nicht mehr nur mit der feurigen Oberflächlichkeit des Anfangs, und er flüsterte ihr das abends wieder ins Ohr. Die Fenster ihrer kleinen Wohnung standen weit offen und ließen etwas Kühle herein und auch die wohltuenden Geräusche der quirligen Stadt. Das Dröhnen oder Gehupe unten auf den Straßen, das helle Geschwätz der Leute, ein Lachen, ein Schrei, ferner Klang einer Musik und wieder Geplapper. Nacht, die sich hinausschieben ließ, die den Schlaf verdrängen konnte, die selbst nur aus Wachtraum bestand, ohne die blödsinnige Verhexung des Gehirns. Denn was sollte das: jeden Morgen aufwachen ohne eine neue Erkenntnis? Es war, als hätte die Nacht selbst andere Gedanken als der Tag. Als sei sie selbst das ‚Eponym' aller nachts im Halbwachen Liegenden, aller subtil Träumenden, aller glücklich, unglücklich Liebenden, aller sterblich Unsterblichen.

Greg wollte unbedingt die Welt durchschauen und in neuer Form erkennen, gar wissenschaftlich begreifen, aber dabei nicht auf die Genüsse des Lebens verzichten. Schon gar nicht auf Sex, den er freilich nicht so nennen wollte, schließlich hatten ja – wie erwähnt – die Griechen gar kein Wort dafür. Und von den Griechen wollte er ausgehen. Heraklit, Thales, Sokrates, Platon und noch ein paar andere der großen griechischen Denker mussten den Stein der Weisen bereits gefunden haben, und auch wenn man diesen nicht mehr in der gleichen Weise finden konnte wie damals, musste man dennoch davon ausgehen. Dazu brauchte man keine Universität und auch keine Religion und schon gar keine Kirche, obwohl auch hier Christine sich nicht ganz lossagen konnte. Zu Hause bei sich machte sie bei all den üblichen christlichen

Ritualen mit ohne so richtig davon überzeugt zu sein. Aber sie fühlte sich in der dortigen Gemeinschaft wohl, während es für Greg genügte, ein oder zweimal im Monat ein paar Leute zu treffen, die außerhalb jeder reglementierten Gesinnung standen.

Schon in den Kreisen der Linguisten, zu denen er von seinem Studium her Zugang hatte, kritisierte er immer das Geklüngel und Gelabere unter seinesgleichen, das dazu dienen sollte, die Wissenschaft, und das hieß ja wieder nur die Universität, zu festigen. Es gab Chomsky-Anhänger und solche, die mehr Jakobson oder Saussure zuneigten. Es gab also die verschiedenen Schulrichtungen, und so etwas fand Greg trostlos. „Wo ist die Linguistik aller Linguistiker", fragte er immer. Wo ist die übergeordnete Sprachwissenschaft? Aus irgendeinem heute nicht mehr nachvollziehbaren Grund war in den zwei Studienjahren, die Greg noch absolvierte, die Montague-Grammatik ein heißer Insidertipp.[25] Selbst Studenten anderer Fächer erzählten sich davon, dass man mit Hilfe dieser Sprachtheorie Welt und Mensch gänzlich begreifen könne.

Doch keiner ist in diesen Büchern auch nur einen Schritt weitergekommen. Wie es sich mit jeder neuen Wissenschaft verhält, nach ein oder zwei Generationen steckt sie schon in der Krise und hat verschiedene Auffassungen hervorgebracht, die hartnäckig ihre eigenen Wege gehen. So eben auch in der Linguistik, und in der Psychoanalyse ist dies nicht anders. Dort ist es vielleicht sogar am schlimmsten. Auf die Frage, wie man sich als Mann in das hineinversetzen kann, was die Frau empfindet, hat jeder eine andere Antwort. Die psychoanalytische Aussage, dass „der Sexualakt eine primitive Wissenschaft ist", soll heißen, dass man dabei zwar präzise,

---

[25] Link, G. Die Montague-Grammatik, W. Fink Verlag (1976)

jedoch nur intuitiv etwas Echtes voneinander erfahren kann. Etwas Wahres ist nicht daran.

Lacan meint, dass sich die Libido bei der Frau in ihr zum Kreis schließen kann. Das heißt, sie kann selbst in einer gewissen erotischen Erregtheit – oder soll man besser sagen: Aufgeregtheit, denn von sexueller Erregung zu sprechen, wäre vorschnell – gelassen ganz bei sich sein, fast möchte man sagen, in sich ruhen. Der Mann muss da stürmisch nach außen drängen, ganz Opfer seines Triebs, seines Begehrens oder Verlangens.

Deswegen war bei Sokrates und Platon die ‚Lieb-ido' (ich schreibe es jetzt wieder so) Männersache. Selbst in ihren Philosophien stürmten sie noch vorwärts, was noch dadurch verstärkt wurde, dass ihnen – wie auch S. Freud – der Rückweg versperrt war. Bei Sokrates war er durch die liebe Xanthippe versperrt. Sex ging mit ihr nur ein paar Mal. Angeblich zeugte Sokrates zwei seiner drei Söhne mit einer anderen Frau. Aber der Rückweg zur freudenreichen und lustvollen Ehe war für immer unmöglich geworden. Es blieb nur der Vorwärtssturm in die Philosophie.

Freud soll es nicht anders ergangen sein. Seine Frau war zu madamig, zu – wie Analytikerkollegen sagten – ‚uxoriell', zu sehr ‚Frau Gemahlin', hochgeschlossen. Also blieb Freud der Rückweg in die erotische Praxis versperrt und so musste er dem Eros eine Wissenschaft widmen. Mit der Psychoanalyse als einer Erotologie konnte er seine Libido sublimieren, wie man es in der analytischen Fachsprache ausdrückt. Nun war Sokrates seiner Xanthippe nicht negativ zugetan. Gefragt, warum er sie geheiratet habe, sagte er: „Ich habe das aus dem gleichen Grund geschehen lassen, aus dem diejenigen, welche gute Reiter werden wollen, sich nicht die sanftesten und lenksamsten Pferde, sondern lieber wilde und unbändige anschaffen; denn sie denken, wenn sie diese im Zaum zu halten vermöchten, werde es ihnen ein leichtes sein, mit allen andern fertig zu werden. Gerade so machte ich's auch, da ich die Kunst, mit den Menschen umzugehen, zu meinem Hauptgeschäft machen wollte: Ich legte mir diese Frau zu, weil ich gewiss war, wenn ich sie ertragen könnte, würde ich mich leicht in allen anderen Menschen finden können."[26]

„Knödelargumente mit Suppenlogik" hätte Freud solch eine Rede genannt. In Wirklichkeit soll Xanthippe ja sehr viel jünger gewesen sein als Sokrates, und dies hat ihm wohl einige Zeit gut gefallen. Zudem soll sie viel Mitgift in die Ehe gebracht haben. Andere sagen, er habe das Geld von seinen Eltern geerbt und somit – genauso wie Schopenhauer – das Leben des freien Philosophen führen und dabei misogyn bleiben können. Platon selbst soll nicht verheiratet gewesen sein und auch keine Kinder gehabt haben. Greg versäumte nicht, dies einmal in einem Nebensatz zu erwähnen. Schließlich blieben Greg und Christine nur noch ein Tag ihres Zusammenseins, dann musste Christine zurückfliegen. Beiden war doch irgendwie seltsam zumute. Sie hätten sich noch etwas Nettes, Liebevolles, Ehrliches und Ernsthaftes sagen sollen. Greg drückte sich ein wenig um die Wahrheit herum, ja, log vielleicht, und sagte:

„Obwohl man sich trennt, bleibt man ja doch immer zusammen. Das beinhaltet dieses hintergründig Wirkliche. Man hat Platon immer als idealistischen Philosophen bezeichnet. Aber sein εἶδος (eidos), was man fälschlicherweise mit Idee übersetzt hat, ist das durch ein ganz ursprüngliches Sehen, durch eine Schau, eine Primärerfassung entstandene Wirkliche. Seine Philosophie ist so herrlich, so klar, so modern,

---

[26] Xenophon, Gastmahl , 2. Gespräch mit Anthistenes

denn diese Schau können wir auch heute wieder lernen. Wir vergessen uns nicht", setzte er noch als rechtfertigenden Schlusssatz hinzu. Rechtfertigend hinsichtlich ihrer Beziehung, versteht sich.

Aber Christine hatte diesen Schwenk von der abstrakten Theorie zur Praxis ihrer Gemeinsamkeit bemerkt und meinte:

„Vergessen werden wir uns sicher nicht. Aber verlieren? Verlieren könnten wir uns vielleicht."

„Ach, Christine, habe ich dir nicht erzählt, dass vollkommenes Wiedererinnern, Nicht-Vergessen, die platonische Anamnesis, gerade dieses Wirkliche ist? Wir müssen uns nur stark genug aneinander erinnern, dann verlieren wir uns nicht. Das Inner-Innigste gibt für alles die Richtung vor."

„Ich habe das Gefühl, dass dein Platon nur in Griechenland recht hat", kommentierte Christine mit einem leicht maliziösen Lächeln seinen Satz. An den äußerlich festgelegten Plänen hatten beide inzwischen aber wohl keinen Zweifel mehr. Dass Greg doch hätte mitfahren können – Christine hatte ihn wiederholt dazu eingeladen, und für das Ticket hätte Greg ausreichend Geld verdient gehabt – wurde nicht mehr reflektiert. Und auch Christine hätte noch länger bleiben oder eine feste Verabredung für ein Wiedersehen treffen können.

Vielleicht waren sie noch Kinder, die sich so eine plötzliche und ja auch weitreichende Entscheidung nicht zutrauten. Zudem, auch wenn es nicht wirklich gedacht und schon gar nicht ausgesprochen wurde: Irgendwie musste zu Hause mit allen Leuten geredet werden, irgendwie musste Zeit vergehen, damit etwas reifen konnte, was man nicht selbst entscheiden musste. Typische Zeichen der Unsicherheit, die sie beide so nicht empfanden. Als hätten sie sich geheim abgesprochen oder als hing eine Mahnung über ihnen, zuerst einmal wieder nach Hause oder sonst wohin zu fahren.

Bevor Greg Christine zum Flughafen brachte, fiel ihm noch etwas ein: „Gestern habe ich etwas von dem chinesischen Philosophen Zhuangzi gelesen. Er lehrte, dass man grundsätzlich alles vergessen müsse, die ganze Kultur und alles drum und dran. Bis zur Verwirrung. Und dann sagte er: ‚Oh, würde ich nur einen Menschen kennen, der die Sprache vergisst, damit ich mit ihm reden könnte!' Wie findest du das?"

„That does not sound bad, das klingt nicht schlecht", meinte Christine, „aber was willst du damit ausdrücken"?

„Platons Eros und sein ‚athanatos' waren nicht die idealen Worte, ich muss das zugeben. Es muss aber ein Reden geben, das fast unverständlich ist, so als hätte man die Sprache vergessen, und mit dieser Art von Chiffre, muss es dann möglich sein, ganz Neues zu sagen. Man muss erst durch eine Sprache ohne Worte, durch etwas Grenzsprachliches hindurch, um sich dann wieder wirklich etwas sagen zu können".

„Ich werde darüber nachdenken", sagte Christine. „Kennst du Herrigels ‚Zen in der Kunst des Bogenschiessens'? Da geht es um etwas Ähnliches, nämlich um so etwas wie eine „unintentional mental presence", eine absichtslose Geistesgegenwärtigkeit, als sei man da und doch nicht da".

„Ja, ich kenne Herrigel. Ein Kultbuch schon Anfang der Sechziger Jahre. Alles funktionierte nur andersherum, als wir es gewohnt sind. Herrigel musste lernen, als schieße er auf sich selbst, Schütze und Ziel waren das Gleiche. Aber so weit sind wir noch nicht", meinte Greg.

„Müssen wir auch nicht", kommentierte Christine abschließend ihren letzten Dialog. „Mit dem Aneinanderdenken wird es auch so gehen".

Beide waren sie etwas unruhig und nervös. Sie umarmten sich mehrmals und bestätigten sich zigmal, dass sie sich schon bald wieder treffen würden. Madras wäre vielleicht doch nicht so gut, Nordindien hätte besser einem Wiedersehen entsprochen, für das beide den gleichen Weg auf sich hätten nehmen müssen. Oder doch ein anderes Land. Es ging hin und her, aber irgendwie fehlte der echte, tiefe Trennungsschmerz und auch die totale Überzeugung, dass es mit dem erneuten Treffen sicher klappen würde, weil es beide aus starker Bewegtheit sich gar nicht anders hätten vorstellen können.

Greg hatte sich innerlich irgendwie schon für das Zeitvergehen entschieden, Christine für die Rückkehr nach Hause. Greg blieb noch einige Zeit in Athen, aber dann entschloss er sich doch noch, mit einem Bus von Thessaloniki bis Peshawar in Pakistan zu fahren. Es war ein günstiges Angebot. Anfänglich schrieben sie sich noch ein paar Briefe, in denen sie weiterhin beteuerten, sich ganz bald wiedersehen zu wollen. Aber es waren die typischen Briefe von Unentschlossenen oder Wollenden, die nicht konnten. Auf jeden Fall wollte keiner Schuld am Schwächerwerden ihrer Liebe oder gar an der Aufgabe der Beziehung sein. Es ist wohl nichts schlimmer, als der Verräter einer Liebesbeziehung dazustehen oder so gesehen zu werden. Ist die Liebe doch so ein hohes Gut, das man unmöglich so mir nichts, dir nichts verloren geben könnte. Also musste man immer wieder die Gefühle beschwören, aber gleichzeitig erklären, warum man jetzt keine weiteren Aktionen oder gar ein Wiedertreffen organisieren kann.

Greg fuhr nach Delhi, Varanasi und Kalkutta. Er ließ sich die Briefe Christines postlagernd an diese Städte schicken, was erstaunlicherweise gut funktionierte. 1964 gab es noch keine Handys, kein Internet und keine Emails. Doch so oder so, ihre gegenseitigen Mitteilungen wurden immer spärlicher. Eine Reise nach Australien oder auch umgekehrt nach Europa war damals noch umständlich und teuer. Es gab keine ‚Last-Minute-Angebote', keine Billig-Airlines oder ähnliche günstige Möglichkeiten für solche Reisen wie heute. In Nepal machte Greg eine Trekking-Tour. Das wiederum war damals besser als jetzt, denn die Tour von Pokhara nach Muktinath beispielsweise, wurde in den sechziger Jahren des letzten Jahrhunderts erst eröffnet. Heute gibt es auf diesen Touren schon Umweltprobleme mit dem Abfall, den die Touristen auf den Wegen liegen lassen.

Nach einem Jahr war der briefliche Kontakt zwischen ihr und Greg immer weniger geworden und schließlich ganz beendet. Sie hatten sich immer unwichtigere Details geschrieben. Es waren nicht die Kindheitstraumata, die dazu führten, sich zu verlieren, sondern eher so etwas wie Phantasielosigkeit und Narzissmus. Greg flocht gelegentlich ein griechisches Zitat ein und Christine erzählte nur von ihren eigenen Gedanken und gab keinen Kommentar dazu. Doch wie schon angedeutet, ging die Geschichte dennoch eines Tages weiter.

4. Erste Unterbrechung

Ich muss eine Zwischenbemerkung einfügen. Die Geschichte ging weiter, aber ich hatte noch nichts Genaueres zu Papier gebracht. Wie schon eingangs erwähnt, hatte ich in meinem alten Roman Gregs Aufenthalt in Indien ausführlich beschrieben und auch eine Probeseite aus seinem Wochenreisebuch davon abgedruckt. Ich dachte mir, dass ich jetzt – nach diesen ersten drei Kapiteln – recht verkürzt weiterschreiben würde. Ich wollte nur kurz von Gregs Besuch im Sawan-Ashram in Delhi berichten, einem Yoga-Retreat, und vom Marihuanakonsum, der überall billig zu bekommen war. Es war die Zeit, wo vielerorts die psychodelischen Trips aufkamen, Versuche, mit Mescalin und anderen halluzinogenen Substanzen in die unbewusste Psyche hinein zu schauen.

Doch sodann wollte ich schreiben, dass es für Greg in Indien ein einschneidendes Erlebnis gegeben haben sollte. So wollte ich, dass Greg in Agra in einen massiven tropischen Regenguss geraten würde, wonach er sich erschöpft auf die Holzterrasse eines Hauses hätte flüchten können, aber das Wasser zur Flut wurde, was Angst machte. Die Wassermassen rauschten so stark vom Himmel, Blüten und Blätter eines Jacarandabaumes wirbelten wie tollwütig durch die Luft und klatschten neben ganzen Zweigen und Ästen auf den rötlich, lehmigen Boden. Obwohl das alles zerstörend und schockierend wirkte, war es doch auch lebenspendend, orgasmisch befruchtend und stillte den ungeheuren Durst der völlig ausgetrockneten Natur Rajasthans. Dieser vom Monsun herbeigeführte Wolkenbruch dauerte nur zwanzig Minuten. Aber die Landschaft war danach verändert. Und Greg – so wollte ich das Geschehen weiter konzipieren – glaubte dies auch von sich.

Er fühlte sich wie erneuert, wie erlöst und durchschauert von seinem eigenen Innersten her, weil Angst und Verzückung im selben Moment zusammentrafen. Wie so oft hatte Greg hier die Naturgewalten übertrieben auf sich wirken lassen, aber vielleicht war es doch so, wie es auch bei Luther durch ein Gewitter zu einem Bekehrungserlebnis gekommen war. Ein Blitz schlug neben Luther ein und er war in Todesangst. Doch Gerg war nur geschockt und doch gleichzeitig wie neu geboren. Zudem hatte er in diesem Moment den Gedanken an das griechische Wort κοινός (koinos) gehabt, wusste erst damit nichts anzufangen, aber meinte, darüber noch länger und öfter nachdenken zu sollen. Das tat er dann auch wirklich, wie ich im weiteren Verlauf des jetzt fortgesetzten Romans noch erzählen wollte.

Vor allem wollte ich etwas Ernsthafteres zu Papier bringen. Liebe, Sex und exaltiert Philosophisches sollten nicht mehr so im Vordergrund stehen. Zwar würde es immer noch Höhenflüge geben, die aber nicht mehr so um den Unsterblichkeitsbegriff kreisten, sondern um die Frage, wie man angesichts der schrecklichen Geschehnisse in der Welt der Menschheit besser helfen könnte. Freilich, gleich der ganzen Menschheit helfen zu wollen, würde wohl wieder an Übertreibung und den philosophisch manischen Eros erinnern. Aber ein bisschen müsste ich Greg ja noch den Phantasten sein lassen, der er kurz zuvor ja gewesen war, wenn auch durch ein kleines Damaskuserlebnis etwas gereifter.

Doch die Fortsetzung, die der Roman jetzt nehmen sollte, erschien mir zunehmend, über Jahre hinaus, schwierig. Es konnte mit Greg als dem Mitzwanziger trotz leicht geändertem Charakter nicht gut gelingen, also wollte ich, dass sich Greg und Christine ein paar Jahre später wieder treffen würden. Drei bis fünf Jahre später würden für ein etwas gereifteres Wiedersehen genügen, beschloss ich zuerst, war aber dann wie gesagt Jahrzehnte lang unentschlossen. Doch da kam mir – fünfzig Jahre später – ein Zufall zu Hilfe.

Es rief mich die Bekannte einer früheren Freundin von mir an. Lysienne, so hieß meine ehemalige Freundin, die aus Paris stammte, habe sie beauftragt, mich ausfindig zu machen. Fünfzig Jahre waren vergangen, wir hatten keine Adressen mehr von uns gehabt, und selbst in den modernen Zeiten des Internets, war nicht herauszubekommen, wo Lysienne sich aufhielt, da sich ihr Familienname anscheinend geändert hatte. Ich hatte mehrmals danach gesucht. Jetzt erfuhr ich von dieser Bekannten, sie lebte in New York. Mich hätte sie eigentlich finden können, aber sie wollte erst einmal einen Postillon d'Amour vorschicken, denn letztlich ging es natürlich immer noch um die ‚Lieb-ido'. Das war vor allem bereits an der ersten E-Mail zu sehen, die mir Lysienne dann schickte.

„Hey old guy, you have been successful . . . but me too, I've been married for 40 years, aber habe keine Kinder . . . . I have also found something . . . namely Sophrology . . I´m very well." Und so ging es holperig und mehrsprachig noch ein bisschen weiter. Sie wollte sich nichts vergeben, wollte nicht ernsthaft schreiben, sondern möglichst unverbindlich und nur in Stichworten und etwas albern bleiben und von mir eine Erklärung hören, warum wir eigentlich auseinander gegangen waren. Ich antwortete ihr dann in einem relativ normal-verbindlichen Stil (und versuchte es mit Französisch) mit einer kurzen Beschreibung meines Lebens und dass alles gar nicht so toll bei mir sei, aber ich mich sehr gefreut hätte, von ihr zu hören. In der nächsten Mail schrieb sie mir dann ebenfalls verbindlicher und erzählte zwei, drei Dinge von sich. Nach einer weiteren Antwort von mir teilte sie mir mit, sie wolle nur unbedingt wissen, warum wir damals auseinandergegangen sind. Ich schrieb ihr, dass ich nicht reif genug gewesen wäre für eine dauerhafte Beziehung und die Gründung einer Familie und - ebenso holprig wie sie - noch ein paar andere Dinge mehr.

Erst später wollte ich ihr noch sagen, dass sie eben auch sehr, sehr stark auf eine solche dauerhafte Bindung gedrängt hätte, was mich belastet hatte. Doch dazu kam es gar nicht mehr. Sie ließ nämlich nichts mehr hören, und ich hatte ihre E-Mail-Adresse gelöscht. Schade, man hätte doch so viele Gedanken noch austauschen können. Sie war wohl noch immer verletzt, dass es mehr von mir ausgegangen war, die Beziehung ausklingen zu lassen. Dass für mich damals, in der Mitte meines Studiums, noch keine endgültige Beziehung und Bindung möglich war, hatte ich ihr zu dieser Zeit zwar schon gesagt. Aber dass eine Verletzung fünfzig Jahre überdauern kann, hat mich erstaunt und betroffen gemacht, wenn es wohl auch nichts Seltenes ist. Wir hatten uns drei, vier Jahre gekannt und viel miteinander erlebt und erfahren.

Die Sache ist wirklich authentisch so passiert, und ich habe es echt bedauert, dass kein weiterer E-Mail-Kontakt zustande kam, aber für die Fortsetzung meines Romans gab mir die Geschichte einen Anstoß. Es ist nicht so selten, dass Beziehungen aus der Jugend im Alter wieder angeknüpft werden und dann doch zu einer verspäteten Auseinandersetzung, zu differenzierteren Gesprächen oder gar zu einer wieder aufgenommenen festeren Bindung für den Rest des Lebens führen. So sehr dies keine Lösung für mein reales Leben gewesen wäre, für den Roman von jetzt, von 2014, erschien es mir ideal. Ich muss zugeben, dass bereits der Verlust der E-Mail-Adresse von Lysienne und mein Herumstottern meine deutlichen Schuldgefühle darüber ausdrücken, mit ihr nicht schon damals und jetzt wieder ehrlich und schuldbewusst gesprochen zu haben, und das jetzt auch noch als Chance für den lange liegengebliebenen Roman zu sehen. Ich wollte Greg und Christine nunmehr nicht schon nach einer kürzeren Zeit, also nach ein paar Jahren, wieder zusammen kommen lassen, ohne dass sich in ihren Erfahrungen und Einsichten etwas groß geändert haben könnte, wie ich das erst gedacht hatte. Viel besser wäre es doch, dachte ich nicht ohne Scham nach diesem Vorfall mit Lysienne, sich Greg und Christine nach fünfzig Jahren wieder begegnen zu lassen, dann aber mit einer psychologisch komplexeren Beschreibung ihrer Beziehung,

Ich könnte eine deutliche Weiterentwicklung ihrer damals aufgegriffenen Gedanken beschreiben und mit einem ernsthafteren, vielleicht fast philosophischen Schluss den Roman zu Ende gehen lassen. Zudem könnte ich so auch noch meine eigene Problematik mit Lysienne durcharbeiten, dachte ich infamerweise, indem ich meine Schandtat noch zum schriftstellerischen Erfolg führen wollte. Schließlich wollte ich schreiben, dass die beiden, Greg und Christine, in andere Länder und Städte gezogen waren, die sich für eine reale Begegnung recht gut anboten. Ich würde sie beide nach unterschiedlich langer Zeit in Europa ansässig sein und sich wiederfinden lassen.

Ich würde weiter schreiben, dass Greg sein Linguistik-Studium wieder aufgenommen, ganz bürgerlich geheiratet hätte und so fast zum Gegenteil von dem geworden wäre, was er einmal war oder sein wollte. Ich würde ihn eine psychoanalytische Ausbildung gemacht haben lassen und darauf hinweisen, dass er zwar an den Grundlagen des griechischen Denkens festgehalten hätte, auf dem ja schließlich auch die Psychoanalyse beruht. Aber die philosophisch manisch-erotische Grundstruktur müsste umgedacht werden. Mehr will ich jetzt nicht verraten, denn all dies soll in der jetzt neu konzipierten Romanfolge geschildert werden.

Christines Leben würde ich anders verlaufen lassen. Sie hätte das gemacht, was sie damals noch nicht definitiv sehen konnte, aber schon unbewusst vorhatte: nämlich ihren Beruf als Krankenpflegerin aufgeben, Design und Innenarchitektur studieren und schon sehr bald ein großartiges Angebot in London bekommen haben. Ich würde sie in einer Firma für Raumdesign richtig Karriere machen, gut verdienen und mit einem Geschäftsmann verheiratet sein lassen, der sehr viel mit Kunst zu tun hatte. Und so geht die neue Romanfolge jetzt – im Abstand von fünfzig Jahren – weiter.

5. Wiedererinnerung 50 Jahre später

Fünfzig Jahre später klingelte bei Greg das Telefon und eine Frau sprach auf den Anrufbeantworter, ob er sich noch an Christine aus Sydney erinnere. Er solle doch die und die Nummer zurückrufen. Es war Christine selbst, er hatte ihre Stimme auf dem Anrufbeantworter gar nicht erkannt. „Selbstverständlich", rief Greg, als er den telefonischen Kontakt zu ihr hergestellt hatte und sie erkannte.

„Ich habe mich schon so oft bemüht, dich zu finden", sagte Greg, „aber kein Internetkontakt gab deinen Namen oder deine Adresse her." Sie wolle Kontakt mit ihm haben, sagte Christine am Telefon und Greg erwiderte sofort:

„Erzähl, was machst du, wo bist du, warum erst jetzt?" Sie lebe jetzt in London, sagte sie, sie sei vierzig Jahre verheiratet gewesen, aber ihr Mann sei vor vier Jahren verstorben. Kinder habe sie keine, aber immer noch einen schönen Beruf als Designerin.

„Ich bin schon lange geschieden", gab Greg zurück, „meine Kinder sind längst groß und ich habe bereits Enkelkinder. Ich habe die Linguistik damals schnell an den Nagel gehängt, habe Psychologie studiert und bin Psychoanalytiker geworden. Aber ich arbeite kaum noch, bin doch schon über siebzig. Ich lebe in Turin." Das wusste Christine schon, denn sie hatte ihn ja dort angerufen, hatte seine Nummer nach langer Suche eruiert. Wieder einen Tag später telefonierten sie erneut zusammen.

„Warum haben wir uns eigentlich damals aus den Augen verloren? Am Schluss schriebst du mir nichts mehr, hätten wir nicht noch einmal reden sollen? Wie bist du überhaupt nach

Turin gekommen?", fragte Christine. „Kannst du denn italienisch?"

„Und ob", gab Greg zurück. „Meine Frau war Italienerin und ein Buch des italienischen Psychoanalytikers Giampaolo Lai hat mich zu diesem Beruf gebracht.[27] Ich habe dann zwar in Deutschland meine Ausbildung gemacht, mich aber in Italien niedergelassen."

„Und ich wollte nicht mehr Krankenschwester sein und konnte in London Designerin werden. Aber Themawechsel: London und Turin sind ja nicht so weit auseinander, oder?"

„Wieso, was meinst du", fragte Greg?

„Na ja, ich denke an Paris. Das liegt dazwischen."

„Paris? Ach, du meinst ein Treffen?"

„Genau," sagte Christine. Nun war also sie die Couragierte, die Aktive, die nicht lange herumfackelte, sondern gleich Nägel mit Köpfen produzieren wollte. Früher war Greg doch der Macher gewesen, hatte Christine ihn jetzt links überholt? Aber Greg zögerte nicht lange und sagte:

„Na gut! Du warst sicher so wie ich auch schon öfter dort. Aber warum nicht Athen?"

„Ach weißt du, da fangen wir wieder nur bei den Erinnerungen an. Es muss etwas Neues her. Etwas Gleiches und doch Nicht-Gleiches, etwas Intellektuelles, das willst du doch." Natürlich wollte Greg das, die Stadt von Sartre, Foucault, Levi-Strauss und Lacan. Wenn sie auch schon alle tot waren, aber das Café Flores, der Boulevard Saint Michel, das Viertel Sant Germain, das Marais oder Bellevue mit seinem

---

[27] Lai, G., Le Parole del primo Colloquio, Boringhieri (1976)

legendären Cimetière Père Lachaise, wo Jim Morrison, Oscar Wilde, Édith Piaf, Frédéric Chopin und viele andere Künstler begraben liegen, lebte alles noch.

„Du hast recht, wir waren sicher schon beide zwei oder dreimal in Paris. Aber nicht zusammen!", trotzte Christine wieder mit so einem leicht triumphierenden Klang in der Stimme.

„Na gut! Aber wann?"

„Morgen!" sagte Christine lachend, denn das war nun wirklich dreist. Aber anscheinend hatten sich ihre Charaktere verändert, ja, geradezu umgekehrt. Was hatte das bewirkt? Greg wollte nicht zurückstehen und erwiderte:

„Morgen ist zu happig, sagen wir übermorgen!" Das war kein Nachgeben, das lag auf der gleichen Linie. Letztlich fand das Ganze dann aber doch erst nach mehr als einer Woche statt. Flugtickets, der eine oder andere Termin, die Wahl des Hotels und anderes mehr verzögerten die ansonsten ja lobenswerte Spontaneität. Sie wählten schließlich das ‚Hotel de Nice' in der Rue de Rivoli, eine kleine, fünf Stockwerke hohe und doch ganz enge, plüschige Herberge. Die Zimmer waren ebenso eng und ebenso samt-flauschig dekoriert wie vor hundert Jahren, aber dafür eben heimelig. Ein Insidertipp von Greg, nicht billig, aber zentral gegenüber einem pulsierenden Markt, Geschäften, kleinen Restaurants und Brasserien gelegen, ständigem Verkehr und quirligem Leben ausgesetzt. Das erinnerte an ihre Wohnung in Athen, aber es war eben doch etwas anderes. Christine hatte Recht: etwas Gleiches und doch Nicht-Gleiches. Etwas, wo man anknüpfen konnte und doch auch wieder neu erfassen und denken musste.

Vor allem war Platon ein wenig weggerückt, und das, dachte Christine, ist gut so. Freilich bedachte sie nicht, dass es in

Paris umso mehr Psychoanalytiker gab, die sogar weltweit gelesen wurden. Greg hatte also gute Möglichkeiten, wenn schon nicht auf Platon, umso mehr an jeder Ecke der Stadt auf die Psychoanalyse hinzuweisen. Doch zuerst mussten sie dort ankommen, sich an der Rezeption des Hotels treffen und – leger wie immer, aber doch ein wenig betont – länger umarmen und begrüßen. Es war von vornherein klar, dass noch Liebe füreinander im Spiel war, von Anfang an und wohl auch die vielen Jahre hindurch nie ganz erloschen. Eros war wieder zugegen und vielleicht auch ‚Lieb-ido', das war das Heikle. Darüber konnte man natürlich nicht gleich sprechen, aber Christine gab ihm eine Chance, das alte Thema wieder aufzugreifen.

„Was macht dein universaler manischer Eros?", fragte sie ihn schon bald. „Bist du da weitergekommen?" Sie waren am Abend des ersten Tages in ein Restaurant am Place des Vosges gegangen. Es war Ende September, noch sehr warm, man konnte gut draußen sitzen. Ein paar gelbe Blätter flatterten herum. Greg trank einen Cidre doux, der nur 2% Alkohol aufwies, so sehr hatte er sich anscheinend geändert. Kein Retsina mehr oder sonstige Drogen? Das Alter, oder die Weisheit? Jedenfalls antwortete er auf Christines Frage mit einem „Ja, weitergekommen". Kaum noch Alkohol und keine Zigaretten mehr."

„Aber bleiben wir doch erst mal bei uns", fuhr er fort. „Warum haben wir uns nicht gleich wiedergesehen? Ich habe oft daran gedacht. Nach unserer Trennung bin ich doch noch nach Indien gefahren und war dort, in Dehradun, in einem Ashram, wo ich meditieren gelernt habe. Ich habe ein paar Hippies kennengelernt, mit denen ich dann im Himalaja gewandert bin, von Pokhara nach Muktinath, das liegt fast in Tibet. Ich habe dort viel Elend gesehen. Am schlimmsten war es in den großen Städten Indiens. In Kolkata – so heißt Kalkutta heute – kannst du nur der totale Fatalist sein. Du sitzt am Straßenrand und verkaufst zwei, drei T-Shirts oder vier, fünf Packungen Zigaretten. Oder du bettelst mit einem verstümmelten Kind im Arm, es ist grauenhaft."

„Ja, von Kalkutta hast du mir doch noch einmal geschrieben", sagte Christine. „Weißt du das nicht mehr?"

„Stimmt, jetzt erinnere ich mich. Warum hast du mir nicht geantwortet?"

„Wie sollte ich? Ich hatte keinerlei Adresse mehr. Pokhara, Muktinath, Indien, Afghanistan. Du hast mir einiges erzählt, aber ich konnte ab dem Zeitpunkt, von dem an ich keine postlagernde Anschrift mehr hatte, nichts erwidern. Eine Bekannte, die in Deutschland lebt, konnte deine alte Heimatadresse aufsuchen und erfuhr von Nachbarn, dass du in Italien bist. Aber wo in Italien? Wir suchten lange herum, und dann habe ich noch etwas gezögert."

„Ich habe schon bald nach dir gesucht, konnte dich aber nicht finden", sagte Greg, „du hattest anscheinend schon geheiratet. Du glaubst nicht, wie viele Christine es gibt, als ich schließlich anfangen konnte, im Internet zu schauen. Auch mit Zusätzen wie Sydney und Krankenschwester nicht. Aber . . ."

Es gab so viel zu erzählen. Greg fing nochmals damit an, in welch schrecklichem Zustand auch heute die Welt ist. Krieg in Syrien, Finanzkrisen und depressive Menschen in den modernen Städten, was das Schlimmste von allem sei. Er sei nicht mehr fähig, Therapien zu machen, die so lange dauern und nur einem einzigen Menschen helfen würden. Vor kurzem berichtete jemand über eine Therapie, die über zwanzig Jahre gedauert hat.

„Erinnerst du dich noch, wie wir über die Unsterblichkeit geredet haben? Ich habe damals doch etwas von einer Chiffre oder einem Symbol geredet. Ich habe es inzwischen tatsächlich gefunden. In dem Ashram in Deradhun verwendeten die Leute Sanskrit-Worte oder -Namen, und ich habe mich immer gewundert, wie das gehen soll, dass einfache, wenn auch fremde Worte eine Veränderung in der Meditation auslösen können. Aber ich fing schon damals an, daran zu denken, wie man mehr als nur einzelnen Menschen helfen könnte, wenn man solch eine Methode verwenden würde."

„Dass die Menschen dort von großen Veränderungen und Besserungen sprachen", ergänzte Greg, „verwundert ja nicht. Das machen sie überall dort, wo man etwas nicht beweisen kann. Natürlich hat das eine Wirkung, wenn du einen oder mehrere völlig fremde Namen nimmst, diese gedanklich stets wiederholst und sonst kein Denken zulässt. Es beruhigt und entspannt, kann aber auch in die Irre führen. Intellektuell befriedigt das nicht. Warum sind es diese Namen und nicht andere? Und wird man nicht in eine indisch-mythisch-magische Kultur hineingeführt, mit der man dann im Westen selbst zum Fremden wird und niemandem etwas davon erzählen kann außer den eigenen Sektenmitgliedern? Ich habe mir dann gedacht: Gut, es muss etwas fremdartig Anderes sein, aber es muss in die westliche Denkungsart und Wissenschaft hineinpassen. Platon müsste zustimmen können."

Christine lachte. Sie hörte wieder ihren Phaidros-Verliebten reden. Sie hatte sich noch den Begriff des ‚Eponymos' gemerkt, den Greg ihr später noch verraten hatte, und auch noch das ‚psyche pasa athanaton'. Jetzt kommt das alles wieder, dachte sie zuerst. Aber Greg berichtete dann von seiner Himalaja-Tour, seinem Erlebnis in Agra, seiner Rückkehr nach Deutschland, seiner Heirat, seinen Kindern und seinem

Beruf. Und auch Christine erzählte von ihrem Umzug nach London und wie sie dort einen Geschäftsmann geheiratet hat, aber keine Kinder bekam. Es war zum mindesten ihr größter Wunsch gewesen, eine Familie. Sie hatte doch Greg damals auf Kea, als sie sich so gut verstanden und alles so harmonisch aussah und sie den Kindern die Stifte schenkten, ein Foto gezeigt, das zwei spielende Kinder ihrer Cousine darstellte. Kinder von drei oder vier Jahren. Ihr sehnsüchtig wehmütiger Blick auf das Foto war Greg damals nicht entgangen und hatte dazu beigetragen, dass er sich vor zu schneller und intensiver Familiengründung fürchtete.

Aber ihr Leben war trotzdem gut verlaufen. Sie hat als Designerin eine große Karriere gemacht, zumindest war sie gefragt, hatte tolle Aufträge und hat viele bedeutende Menschen kennengelernt. Auch sie hat sich etwas mit Meditation beschäftigt, wenn dies auch nicht sehr wesentlich für sie wurde. Ihr Mann war sehr an Kunst interessiert, und so waren beide oft auf Ausstellungen und zu Kunstauktionen unterwegs. Doch dann starb ihr Mann, plötzlich, an einer Subarachnoidalblutung. „Was ist das?", fragte Greg. „Das ist kein Schlaganfall, aber so etwas Ähnliches. Eine kleine Ausbuchtung einer Arterie unter der weichen Hirnhaut ist geplatzt. In einem Großteil der Fälle geht dies schlecht aus. Und er war eben so ein Fall."

„Schrecklich", sagte Greg, „aber eine Scheidung ist auch nicht besser. Wir haben ewig lang gekämpft, vorher und nachher. Wir waren siebzehn Jahre zusammen, wir haben so viel gemeinsam erlebt, die Kinder großgezogen, miteinander und mit vielen Freunden geredet, viele gemeinsame Urlaube gemacht, gemeinsame Interessen verfolgt, aber dann war es doch nichts. Als hätte es nie etwas gegeben. Plötzlich war eine Leere da und schon Kleinigkeiten konnten diese Leere und das Schweigen und das Aneinander-Vorbeigehen endlos vergrößern. Schließlich trennten wir uns wie Unbekannte, wie Kaufleute, deren Geschäft nicht zustande gekommen ist. Wie Fußballer, die immer unentschieden spielen und am Schluss gerade deswegen eigentlich beide verloren haben."

In solchen Momenten gegenseitiger Berichterstattung tritt dann oft ebenfalls plötzlich eine Pause auf, und man müsste denken, dass es jetzt, hier am Place des Vosges, an diesem noch sehr warmen September-Abend, auch nicht anders ist: Es könnte alles wieder im Verlust enden, man ist nicht beziehungsfähiger geworden. Doch dabei ging es nur um eine kurze Pause. Gleich konnten beide den Faden wieder aufnehmen und weiter die schönsten Geschichten und Erkenntnisse, ja sogar kleine Weisheiten erzählen bis zum Geht-nicht-mehr. Aber Christine war es nicht entgangen, dass ein paar Pausen die Frage nach der Stummheit auftauchen ließ. Sie fasste nach Gregs Hand und er drückte die ihre, und so war der Vertrauensfluss wiederhergestellt. Greg erwähnte, wie er dann viel mit Meditation herumgebastelt habe, um die tiefe, klare Ruhe zu finden, sein Leben bescheidener zu gestalten, nur die kleinen wichtigen Dinge zu tun, die Pflichten, und sonst nichts. Eine ernsthaftere ‚Enstase' war nun sein Hauptziel gewesen. Spät bummelten sie schließlich vom Place des Vosges durch ein paar Nebengassen voll junger Menschen wieder zum Hôtel de Nice zurück.

Und dann war wieder das Fenster zur Straße weit offen und ließ diese noch so warme Nachtluft herein. Drunten, auf der Rue de Rivoli, war das Geschnatter der Menschen zu hören, die von einem Restaurant zum nächsten Bistro und von dort zum nächsten Café trabten, oder stolperten sie, oder standen sie nur herum. Es waren die gleichen Geräusche wie damals in Athen in Safros Appartement nahe am Keramaikos. Es war klar gewesen, dass sich Greg und Christine ein Zimmer zusammen nehmen würden, wenn auch voreinander die alten Körper zu entblößen, ein bisschen schwieriger anmutete. Sie waren alt, die Muskeln schlaffer, die Haut faltig, aber dennoch waren die Körper nicht unästhetisch. Irgendwie war aber ebenso klar, dass es wohl keinen Sex mehr geben würde, auch wenn es keine Scheu gab, sich so ins Bett zu legen, als wäre es fünfzig Jahre früher.

Denn die Potenz wäre wohl da, dachte sich Greg, aber die Libido nicht. Es war wohlig, kuschelig, neben Christine zu liegen, dachte er, und es gab auch warme, liebende Gefühle. Aber die Power, loszulegen, verspürte er nicht. „Du fühlst dich gut an", sagte er wie damals und strich ihr über den Rücken. „Es ist überhaupt gut, mit dir zusammen zu sein." Aber dass sie gut schmeckt, dass sie gut nach Wacholder und Iris riecht, hätte er nicht sagen wollen. Das wäre jetzt doch zu intim, ja fast übergriffig und einfach nicht altersentsprechend gewesen. Dabei hatte er schon am Tag davor von Sex geträumt.

Er hatte es sich auch ausgemalt, wie es gehen würde so intim zusammen zu kommen, ohne dass es unzeitgemäß, lächerlich oder gegenüber dem Früheren unbeholfen wirken würde. Er hatte doch immer die große erotische Vision gehabt, hatte sich immer etwas einfallen lassen, etwas bieten wollen, damit es im großen manischen Eros aufginge. Das hatte zwar nachgelassen, aber die Idee des philosophisch manischen Eros war irgendwie doch noch da. Nur sollte sie jetzt in einem meditativen Verfahren in Form einer Topologie, eines wie geometrisch verdrehten Namens, von statten gehen.

Lacan meint, es sei die Topologie von Anspruch und Begehren, die sich in einer Art von – witzigerweise sogenannten – ‚platonischen Körpern' oder besser noch in sich selbst verdreht wieder schließenden Flächen, ausdrückt. Greg schoss dies alles nur kurz durch den Kopf. Er liebte diese Lacanschen Theorien, aber die Praxis sah anders aus. Anfänglich war es immer sein Konzept gewesen, dass man sich beim Sex etwas zuflüstern muss und dass man den Akt zwar nicht hinauszögern, aber sich ganz auf das konzentrieren muss, was die Partnerin empfinden könnte, was man aus den Bewegungen und den leisen Lauten, die sie von sich gab, rückschließen konnte. Dadurch verlängerte sich der Akt automatisch. Doch dieser Ehrgeiz, etwas Besonderes im Sexuellen zu leisten, war nicht nur total verflogen, er passte jetzt einfach nicht mehr dazu.

Greg war jetzt nicht mehr der Bergsteiger, der schon ganz oben ist und glaubt, er müsste noch höher steigen. Ein Reicher, ein Global Player, der glaubt, er müsse jetzt noch den ganz großen Gewinn machen. Ein Liebender, der meint, über sich selbst hinauswachsen zu müssen, weil man nur so, vom ganz Intensiven her, dem Anderen begegnen kann. Nein, zu viel Aktivität, eine derartige Beweis- und Geltungssucht war nicht gefragt. Alles war probiert worden, und jetzt musste Greg nicht wieder etwas Großartiges zeigen. Aber eine angepasste, praktische, handsame Mania im Ur-Sinne Platons könnte es vielleicht geben, dachte er sich.

„Morgen erzähle ich dir, wie ich den Namen, die Chiffre, der Unsterblichkeit gefunden habe", sagte Greg. Er spürte, dass, wenn jetzt schon nicht das passierte, was in einer so körperlich nahen, so Haut-an-Haut-liegenden Situation eigentlich passieren müsste und früher ja auch immer passiert ist, ein starkes Wort notwendig wäre. Die Situation jetzt dadurch zu überspielen, dass man Bla Bla redet, wäre jämmerlich gewesen. Und auch einfach davon zu reden, dass die Potenz zwar da ist, aber die Libido nicht, erschien Greg zu technisch, zu banal. Es sollte etwas in der Schwebe bleiben, halb offen und doch leicht verheißungsvoll. Ein ganz leichter Hauch von Eros konnte mitschwingen. Die Chiffre einer Meditation. Ein gutes, wärmendes Gefühl. Das ließ Christine auch rasch und sanft in den Schlaf gleiten.

Morgens sprang Greg schon relativ früh aus dem Bett. Den Morgen mit zärtlichen Umarmungen zu beginnen erschien ihm genauso wenig ideal, wie in den lauwarmen Nachtstunden den Versuch jugendlicher Sexualität vorzuspielen. Wie gesagt, es ging nicht um ein Vortäuschen, sondern eher um einen Irrtum. Er und Christine waren kein alteingespieltes Ehepaar, das den Sex entweder schon ganz ad acta gelegt hat oder ihn ganz einvernehmlich alle paar Wochen oder Monate als Spätform davon praktiziert. Es schwingt dann eine gewisse Routine mit, die keine großen Erwartungen oder Erfüllungen beherbergt. Aber wenn man sich nach fünfzig Jahren wieder trifft und nicht nur um etliches älter geworden ist, sondern auch anders, differenzierter oder umständlicher – ganz egal, muss man sich wieder neu aneinander herantasten, ohne dass dabei ständige Missverständnisse auftreten. Es muss eine gewisse Souveränität auf beiden Seiten geben, ein gewisses ‚laisser aller', das nun ja auch schon von der Sprache her für die beiden in Paris ganz gut passt.

Sie ließen den Tag also angehen mit einem petit déjeuner in dem kleinen, warm gefärbten und heimeligen Frühstücksraum des Hotel de Nice und planten den Tag, als wäre es ganz klar, dass man Besichtigungen zu absolvieren hätte und natürlich nebenbei ein paar Sätze zu ihrer Beziehung fallen lassen müsste. „Was machen wir jetzt?" schloss selbstverständlich auch noch ein „mit uns" ein. Sie beschlossen, zuerst in Richtung Saint-Germain-des-Prés zu gehen, spazierten über die Île de la Cité mit einem flüchtigen Blick auf Notre-Dame und über die Rue Danton bis zur Kirche von Saint-Germain, wo René Descartes begraben liegt. Er sei ein ‚denkendes Ding' hatte Descartes verkündet, wobei er an Aristoteles anschloss, der von der ‚ausgedehnten Substanz' sprach als all dem, was fassbar ist. Die ‚denkende Substanz' von Descartes aber war nicht mehr so leicht fassbar. Sie betraf schon etwas die menschliche Seele.

Hier konnte Greg wieder einhaken und von der ‚genießenden Substanz' reden, die Freud den zwei anderen Substanzen hinzugestellt hatte. „Die ‚genießende Substanz', das ist die Libido." Greg brillierte jetzt mit dieser Schreibweise und setzte gleich hinzu, dass er so seinen universellen manischen Eros doch noch ein bisschen retten könnte. „Man muss der Lust das Genießen gegenübersetzen", dozierte er psychoanalytisch nicht vollkommen korrekt und schwächte dann das Ganze doch noch ein wenig ab: „Man kann sie auch zusammensetzen, in eine gute Kombination bringen, in eine gelungene Verbindung." Immer, wenn er ein wenig zu dozieren anfing, bremste er sich sofort ein bisschen ab, und dies schon gar in Christines Gegenwart. Bei ihr wollte er ja nicht den Psychoanalytiker spielen, sondern eher den Minimalisten, den reinen Gesprächspartner, der auf keinem vorgefassten Diskurs aufbaute, sondern auf . . . ja auf was? Da gab es immer noch ein Problem, das Christine gleich erkannte, als sie sagte:

„Mit der ‚ausgedehnten Substanz von Aristoteles haben wir keine Schwierigkeiten, wir sind beide schlank geblieben. Aber wie die ‚denkende' sich mit der ‚genießenden Substanz' verbindet, kann ich mir nur schwer vorstellen. Wer viel denkt, genießt nicht, und wer viel genießt, mag nicht denken."

„Du hast recht", meinte Greg. „Kannst du dich noch an den verrückten Guru der siebziger Jahre erinnern, Bhagwan Rajneesh? Er machte manchmal – trotz seiner sonst recht esoterischen und fragwürdigen Grundhaltung – ganz pfiffige Bemerkungen. So sagte er z. B., dass er in seinen Ansprachen zwischen den Worten oft etwas längere Pausen mache. Nicht zu lange Pausen freilich, bei denen die Zuhörer hätten denken müssen, dass er jetzt den Faden verloren hat. Aber doch so lange, dass das Publikum in der zuhörenden Anspannung verblieb, also gleichermaßen noch die Ohren gespitzt hielt, die Aufmerksamkeit wach zum Redner hin gewandt blieb. Bei zu langen Pausen, aber auch bei zu kurzen oder gar keinen Pausen, fangen die Leute nämlich an, sich selbst Gedanken zu machen. So aber verblieben sie in einem Nichtdenken, in einer Art von Meditation. Während einer halbstündigen derartigen Ansprache hätten – so der Guru – die Zuhörer also schon ca. sieben Minuten meditiert (und 23 Minuten „gerichtet" zugehört). Und die Vermittlung von Meditation war ja sein Anliegen."

„Freilich konnte man sich fragen, wozu das gut sein soll. Könnte Bhagwans Meditation etwas Kreatives befördern, könnte sie eine neue Art der Einsicht vermitteln? Und vor allem, könnte man damit wirklich mehr als nur einem einzelnen Menschen helfen und noch dazu in nicht so umständlicher Form", sagte Greg. „In der Meditation bist du schnell aus dem Elend heraus. Na ja, da fällt mir wieder die ‚Unsterblichkeit' ein, aber lassen wir das."

„Nein, nein", beschwichtigte Christine. „Du weißt ja, ich glaube auch an das Being in good hands, das Aufgehobensein in einer Art von Zeitlosigkeit, Unbeschwertheit oder, wenn du willst, Unsterblichkeit. Du weißt vielleicht noch, wie ich immer gesagt habe, wir haben teil daran".

Sie bestätigten sich noch, dass man gegen die grauenhaften Dinge in der Welt etwas tun müsste, aber wie? Ins gegenüber der Kirche gelegene Café Flores wollten sie dann doch nicht gehen. Das war einmal das Zentrum der Intellektuellen vor fünfzig Jahren oder gar noch länger gewesen. Zwar war die Welt auch damals nicht in Ordnung, aber den Luxus überintellektueller Diskussionen konnte man sich noch leisten. Also gingen sie durch einige Gassen hindurch in ein Café in der Rue de Lille. „Da oben war Lacans Sprechzimmer", fing Greg wieder an zu deklamieren. „Für ihn war die Unsterblichkeit verknüpft mit der Erfahrung der Gewissheit. Selbst Verrückte haben die Gewissheit, d. h., dass das, was sie denken, gewiss ist. Nur, diese Gewissheit hat einen Schatten, und das ist die Angst."

„Es gibt also Unsterblichkeit nur, wenn man durch die Angst ganz hindurchgegangen ist", bestätigte Christine. „Deswegen macht mir der Tod keine Angst. Und auch, was heute mit uns passiert, ob wir morgen schon wieder auseinandergehen oder uns neu verlieben, macht mir keine Angst. Ich verfüge über eine situationsangepasste Gewissheit, das reicht mir."

„Bist du sicher?", zweifelte Greg. „Du hast die Chiffre noch nicht. Es gibt die Möglichkeit in zwei andere Gewissheiten auszuweichen. In die der Ausstrahlung jenseits deiner eigenen Befindlichkeit, in die ultrasubjektive Ausstrahlung,[28] in das ‚Licht', in ein ‚Es *Strahlt*', einerseits. Und andererseits in das Gemurmel, das Raunen, die ‚ultrareduzierten Sätze' in dir selbst, den ‚Laut', ein ‚Es *Spricht*'. Mit diesen zweien musst du meditieren." Gott sei Dank war das Ufer der Seine nicht weit, sodass sie abgelenkt waren von den Theorien und Abstraktionen und am Quai Voltaire in eines dieser

---

[28] Lacan, J., Seminar X, L' Angoisse, S. 261 und 268

Ausflugsboote stiegen, die die Seine bis zum Trocadéro hinauf und zur kleinen Seine-Insel wieder zurückfuhren. Man sitzt auf dem Oberdeck, wo der Wind zu viel akademisierte Theorie aus den Köpfen treibt.

Man kommt am Musée d'Orsay vorbei, an den Tuilerien, am Petit und Grand Palais und schließlich sieht man noch von relativ nah den Eiffelturm. Selbstverständlich stand die Frage im Raum, was aus ihnen werden sollte. Sollte sie, dachte Christine, mit diesem versponnenen Psychoanalytiker zusammenleben? Sie hatten beide ihre Partner verloren, und das verlockt, sich wieder zu finden. Nun ja, er nahm sich schnell wieder zurück und sie konnte von ihren zwei früheren Aufenthalten in Paris erzählen. Sie kannte alle Museen, auch das von Picasso und Giacometti, den sie besonders mochte. „Anschließend gehen wir noch ins Musée d'Art Modern", sagte sie, „dort gibt es eine Poliakoff-Ausstellung. Mein Mann besaß einen Poliakoff, aber er hat ihn schon ganz früh verkauft. Und hast du mal Courbets „Ursprung der Welt" im Musée d'Orsay gesehen? Eine verwilderte Vulva, glaubst du, dass das der Ursprung der Welt ist?"

Nein, Greg glaubte das nicht. Aber es sei keine schlechte Metapher und wohl auch kein schlechtes Bild. „Wir sind alle daher gekommen. Aber die Laute vorher im Mutterleib, den Widerhall auf die mütterlichen Klänge, den wir zu lallen versucht haben, ist auch eine Metapher für unser Herkommen. Da sind wir wieder nahe an der Chiffre."

„Ja, aber was sagt sie", fragte Christine.

„Du musst es selbst herausfinden, ich erkläre es später", wiegelte Greg ab, der spürte, dass sie doch noch nicht so einig waren, wie er gehofft hatte. Früher, so dachte er weiter, hatten sie über alles nur so pauschal, so oberflächlich, gekünstelt und schwärmerisch gesprochen. Jetzt sollte doch etwas zustande kommen, was mehr bedeuten würde. Mehr an Originalität, an Zutreffendheit, an ‚Ausstrahlung' und ‚ultrareduzierten Sätzen', wie Lacan es nennt. Mehr, was der Ernsthaftigkeit des Weltgeschehens entsprechen würde, auch wenn bei zwei gealterten, wenn auch gebildeten Individuen ein Gedanke an die Menschheit hochstaplerisch war.

Nach der Besichtigung der Poliakoff-Ausstellung gingen sie ins Hotel zurück. Spontan waren sie sich einig gewesen, dass sie ein bisschen Ruhe brauchten. Sie waren siebzig und nicht mehr zwanzig, und so lagen sie wieder im Bett. Still, ruhend, träumend, schlafend, meditierend oder was auch immer. Greg meinte zu spüren, dass sie beide den gleichen Atemrhythmus hatten. Es war wie beim Tauchen, wo man beim Einatmen ganz leicht in die Höhe schwebt und beim Ausatmen wieder ganz leicht absinkt. Ein Wellenschweben, ein Schwebatmen, ein Gleiten der Luft und der Seelen. Und dann glaubte er, wie in einem Wachtraum, ein Haus unter Wasser zu sehen, Christine und andere Leute waren da: „Gesingen", so hörte er sich plötzlich selbst denken, und genau das war es, eine Folge der Unsterblichkeitschiffre, sodass ein Rätselwort wie von innen kommt, aus dem Unbewussten, als unbewusst sprachliches Denken, und so war er wieder wach.

‚Gesingen' hörte sich allerdings nicht gut an, dachte er. So als würde man herumsingen, wie Sing-Sang, Gesinge oder Singerei. Aber es handelte sich genau um das, was Greg immer schon die Chiffre oder das Identitätswort genannt hatte. Ein Gedanke, der wie aus einem Traum herauskommt, im Halbschlaf oder in Trance oder in Meditation. Vor allem, wenn die Meditation intensiv ist, ‚enstatisch'. Sind die Gespräche, die sie beide, er und Christine, führen, nur ‚Gesingen'? Gesang wäre besser, wenn auch abgehoben, geschönt, ästhetifiziert. Egal, dachte sich Greg, warten wir, was später noch kommt. Auf jeden Fall wollte er Christine irgendwann noch vermitteln, was die Chiffre wirklich ist und warum sie mit der Unsterblichkeit zu tun hatte. Freilich war ihm nicht entgangen, dass der Gedanke ‚Gesingen' sein großartiges Empfinden über den gemeinsamen Atemrhythmus konterkarierte. Es klang nicht nach einem gemeinsamen Singen ihrer Seelen, sondern eher nach gemeinsamen Herumgesinge. Dieser Gedanke holte ihn jedenfalls etwas von seinem universalen Eros herunter.

Und so fiel ihm sofort weiterhin ein, es könnte auch etwas mit dem 'Gesinge' der Sirenen zu tun haben, schließlich hatte er sich doch früher auch manchmal mit Odysseus identisch gefühlt, der so viele Frauen besaß, ohne einer zu verfallen. Wie konnte ihm das gelingen? Nun, er hat sein Verfallensein akzeptiert, er geht ihm auch nach und fährt tatsächlich an der Insel der Sirenen vorbei und will sich sogar voll bewusst ihren verführerischen musikalischen Künsten aussetzen. Aber er wendet das an, was Horkheimer/Adorno in ihrem Hauptwerk schreiben, nämlich ‚List', die sie als den ‚rational gewordenen Trotz' bezeichnen.[29] Er lässt sich an den Schiffsmast fesseln und den Ruderern die Ohren verstopfen. Aber während die beiden Soziologieprofessoren noch meinen, Odysseus versuche auf diese Weise die mythische Art der ‚Aufklärung', die immer gleich mit dem Tod drohte, in die neue, beginnend rationale der griechischen Staatsräson zu verwandeln, dachte Greg bei sich, dass man das Verfallensein wohl eher überwinden müsse.

---

[29] Horkheimer, M., Adorno, T., Dialektik der Aufklärung, Fischer (2003) S. 66

Denn es ging ja nicht allein um Christines sirenenartiges Wesen, sondern fast eher um den verführerischen Gesang des philosophisch manischen Eros in ihm selbst. Zumindest begann ihm dies zu dämmern, weil er um das Wahrheitsheischende des Unbewussten in diesem in ihm selbst aufgetauchten Rätselwort ja wusste und es als Ausdruck seiner chiffrenbezogenen Meditationsmethode auch begrüßte. Und so wandte Greg sich Christine zu und sagte:

„Stell dir vor, ich habe gerade das Gesinge der Sirenen gehört, dem wir beide verfallen sind, weil wir vielleicht glauben, es gebe einen zweiten Frühling für uns."

„Ich glaube weder an die Sirenen noch an den zweiten Frühling", erwiderte Christine etwas ungehalten darüber, dass er zu früh die Nachmittagsruhe störte. „Es genügt doch, dass wir den philosophisch manischen Eros haben, aber der ruht jetzt noch etwas", maunzte sie.

Das klang nach nüchterner Regulierung, nach „Mittagsschlaf ist das höchste Gut", ja nach Spott, dachte Greg. Man muss wohl das Verfallensein nicht ganz überwinden, und so beschloss er, den philosophisch manischen Eros mit neuem Inhalt zu füllen. Darauf kam es doch an, und seine Meditationen waren doch ein guter Anfang dafür. Aber er wollte warten, was später noch an derartigen Stimmen aus dem Unbewussten kommt, wie er es doch schon gleich reflektiert hatte.

Diesmal fuhren sie mit der Metro bis zum Place de la Concorde und gingen in der Nähe der Champs-Élysées in einem kleinen Bistro essen. Christine palaverte von dem ersten Mal, als sie die Champs-Élysées hinauf und hinunterwanderte, von den mondänen Geschäften, den breiten Trottoirs, den blinkenden Leuchtreklamen. Auch das lag schon wieder vierzig Jahre zurück. Nein, einundvierzig, sie rechneten zurück, denn

Greg war auch zu dieser Zeit dagewesen, und warum hatten sie sich da nicht getroffen? Blödeleien, die nur verdecken sollten, über was sie jetzt eigentlich reden müssten: nämlich wie es mit ihnen weitergeht. Sie waren jetzt beide Singles, frei, oder besser relativ frei, ungebunden, relativ ungebunden. Denn es gab ja doch noch berufliche Verpflichtungen oder die Enkelkinder. Dies und das. Immer noch waren sie nicht auf den tiefsten Knoten ihrer Beziehung gestoßen.

Mussten noch alte Verletzungen ausgeräumt werden? War man durch die vielen Jahre nicht so weit auseinander gekommen, dass das Schlechte vergessen und nur noch das Verklärte übrig war? Paare, die fünfzig Jahre verheiratet sind, sind da möglicherweise doch wesentlich weiter. Aber vielleicht sind sie auch abgestumpfter. Bei dem Essen in dem Bistro nahe der Champs-Élysées offenbarten sie sich, dass sie sich weiterhin sympathisch fanden und mochten. Sich mögen, das ist Liebe im Alter. Sich gerne haben, das ist altersentsprechend lieben. Aber was ist mit der ‚Lieb-ido'? Wo sie doch so geschrieben nicht mehr nur die Lustenergie war, sondern einfach eine eben nicht ganz vom Begehren, vom minimalsten Verlangen ganz abgeschnittene zwischenmenschliche Strömung – Umwicklung, Umeinandergeschlungenheit, Warmgewordenheit und Umpulsung – um Gregs eigene Worte von früher zu verwenden, wenn er seine eigene Kindheit und auch beginnende Flirts beschrieb. Und Lieb-ido.

Mit Christine musste Greg immer noch Englisch sprechen, und da fiel ihm statt Umpulsung nur caressing ein oder hugging. 'Inside-outside touching' sagte er auch, was wohl kein übliches Englisch ist. Aber all diese Ausdrücke, so meinte er, schwächen ein wenig das eigentliche Enjoying ab, das Wesen von happiness und pleasure-feeling, kurz Platons philosophisch-manischen Eros, so wie Greg ihn immer noch verstehen wollte, wenn auch gemäßigter als früher. Und zwar gerade deswegen, weil es ja da noch die manische Chiffre gab, eine Art von eternal bliss, oder auch nur unsterblichen Raunen, Murmeln, oder das unbewusst-sprachliche Gedankenhören. Nur so etwas könnte Platon letztlich erklären. Als sie das Bistro verließen, waren sie nicht wesentlich weitergekommen. Vielmehr hatten sie sich geeinigt, dass man es dem Zufall überlässt, wie es mit ihnen weitergeht. Man muss ja nur immer wieder die Augenblicke interpretieren, meinte Christine, und damit vertrat sie wieder eine Meinung, wie sie eigentlich für Greg üblich war.

Wieder streifte die warme Nachtluft durchs offene Fenster über ihre Körper. Plötzlich erwachte Greg mit einer Erektion und einem sexuellen Verlangen. Töricht, sagte er zu sich im ersten Moment. Ob es nochmals Sex geben würde, darüber haben wir nicht gesprochen, und ich hatte ja auch gar kein Begehren verspürt, keine Libido, keinen Drang, sagte er zu sich. Unmöglich, Christine einfach so zu wecken und sie damit zu konfrontieren. Vor fünfzig Jahren war das kein Problem gewesen, da gehörte es zum manisch-erotischen Rausch. Aber jetzt? Ob sie körperlich überhaupt noch fähig war? Er dachte sogar an so etwas Blödes wie ‚ausreichende Lubrifikation'. Nein, er musste das auf den nächsten Tag verschieben und dann einmal ihr davon erzählen. Doch er verschob es auf den nächsten Abend, der ihr beider letzter war, darauf hatten sie sich vorerst einmal verständigt.

Am letzten Abend war jedoch kein Verlangen da, dennoch erzählte Greg Christine, was er in der Nacht davor geträumt und gefühlt hatte. „Woher kommt dieser Sturm?", fragte er sie und setzte hinzu: „Das wusstest du doch immer, von der philosophisch-erotischen Manie, woher sonst?"

„Ja, aber da gehört mehr dazu, du weißt doch, dass ich immer etwas Besonderes aus dem Eros machen wollte. Und in den ganzen Jahren, die jetzt zurückliegen, habe ich immer versucht, mich auf das zu konzentrieren, was die Partnerin empfindet, was sie spürt, ja, was sie denkt. Es sollte nie purer Sex sein, sondern eben Manie, tantrische Kunst, ein Fest, eine Messe".

„Eine Messe", lachte sie, „daran kann ich mich nicht erinnern. Mag sein, dass du in den vergangenen fünfzig Jahren so etwas gemacht hast. Aber zu unserer Zeit war es nur Manie, reiner Sex, solcher, für den – wie du sagtest – die Griechen kein Wort haben."

Greg protestierte. So habe er das nie empfunden und gemeint. Er habe sich immer um einen Kult, einen Zauber oder sonst was bemüht. Und deswegen gäbe es jetzt ja auch eine kleine Unklarheit. Außer gestern Nacht habe er kein Verlangen mehr, denn es könne ihm unmöglich wieder etwas Neues, Großes, Tolles einfallen. „Die Frage ist doch, was man sich im Eros sagt. Was sagt man sich da wirklich? Hat es mit irgendeiner Wahrheit zu tun oder ist es nur ein Gestammel? Hat es wenigstens eine liebevolle Aussage?"

Christine erwiderte nichts, und so musste Greg fortfahren: „Ich glaube, dass es am Grund, am tiefen Grund des Geschlechtlichen, wo es wie ein Orkan tobt, sehr schwer ist, zu sagen, was da gesagt wird."

Greg war jetzt ganz bei Lacan angelangt, dessen Statements über die Unmöglichkeit eines wirklich geschlechtlich sexuellen Verhältnisses er oft gelesen hatte, was ja bekanntlich nicht heißt, dass es nicht ein grundsätzliches philosophisch-manisches-erotisches Verhältnis gibt. Aber Greg wollte sich nicht mit den alten Diskussionen und Phantasien abgeben. Er wollte wirklich mit Christine über ernsthafte Dinge reden. Er hatte seine psychoanalytischen Therapien aufgegeben, weil er eine Methode suchte, mit der man mehr Zufriedenheit, ein bisschen Glück und vor allem diesen weiten Blick ins Unendliche haben konnte, den er doch schon damals in Griechenland gesucht hatte: möglichst weit, weit über die Hügel des Psiloritis hinaus und auch über das Schlechte und Armselige hinweg.

„Im Zentrum", sagte Greg, „muss die Liebe zu den unbewusst sprachlichen Gedanken, zur Chiffre, stehen, zum Sarx – denn das war das Fleisch, für das die Farbe Rot herhalten muss, das wahre Genießen, und für das nicht diese albernen Rosen Beweiskraft haben sollten, die sich die Leute schenken. Nein, knallrote Amaryllis oder Calliandra, die strahlenförmig blutrote Zilien tragen, und mit denen man sagen kann, was man wirklich begehrt. Nämlich durch und durch stachelig rot gefärbt zu werden, rot . . . verdammt nochmals, wann werden wir endlich den richtigen Namen haben".

„Was du meinst", ergänzte Christine jetzt, „ist die ‚vollständige Liebe', das, wo sich die Frage nach geschlechtlich-ungeschlechtlich nicht stellt. Und diese ‚vollständige Liebe', die du blutrot nennst, haben wir nicht erreicht, oder? Ich glaube dir gerne, dass du dich bemüht hast, aus dem simpelsten Sex eine große Veranstaltung zu machen und dass du auch mit den Therapien eine neue Lösung gesucht hast. Aber ich glaube, man muss in der Mitte anfangen, da, wo das Herz sitzt, nicht unten im Sex und nicht oben in der Manie, wo die Gedanken gleich die ganze Menschheit umfassen sollen."

Greg fühlte sich missverstanden. „Was du Herz nennst, das ist die Seele, so wie sie auch wohl irgendwie Verbindung zum Unsterblichen und zu Gott hat. Aber das Oben und das Unten gehören doch dazu. Du plädierst für Polyarmoury, die

Vielliebere, eine neue Art der Neurose. Diese Leute glauben, sie lieben alles und jeden oder zumindest viele, und sie müssten dies tun, weil sie eben diese doch so gute Eigenschaft haben, ständig vom Herzen her lieben zu können. Aber in Wirklichkeit geht es um Promiskuität, Hysterie und andere wahnhafte Vorstellungen, die sie unter dem Deckmantel einer angeblich übergroßen Liebesfähigkeit ausleben wollen."

„Natürlich gehört Herz, Eros und Verstand zusammen, aber das Herz ist der Ausgangspunkt", sagte Christine.

Greg umarmte sie, lehnte sich dann zurück und strich ihr wieder über den nackten Rücken, leicht massierend und behutsam. Das genügte doch, dachte er sich. Sehr nahe beieinander zu liegen, erzeugte Bindungs- und Spannungsliebe, ein leicht vibrierendes Gefühl, als könnte man universale Schwingungen aufnehmen, die vritis (wie diese Schwingungen im Yoga heißen), die ‚Lieb-ido' in der grenzenlosesten Form. In solchen Momenten fangen viele Menschen an, an irdisch-kosmische Verbindungen zu glauben, obwohl wir doch seit Einstein wissen, dass wir in einer raumzeitlichen Sondersituation eingeschlossen sind, die total nüchtern, gradlinig und dreidimensional ist. Aber wenn einen die ‚Lieb-ido' ganz sanft durchrieselt, so wie es manchmal bei einem emotional stark bewegenden Musikstück der Fall sein kann, weiß man, dass man die Gesetze der Physik auch verlassen kann und es noch umfassendere geben muss.

„Ich bin der Regen, du bist das Meer", sagte Greg und fuhr ihr so sanft über den Rücken, dass es sie leicht durchschauerte. „Wir haben eben beide unterschiedliche Erfahrungen mit der Unsterblichkeit. Ich möchte da Gott vollkommen aus dem Spiel lassen. Wenn dich etwas ohne Grund plötzlich durchwärmt und durchrieselt und du wie in Trance ein fremdartiges Wort denkst, wie nennst du das?"

„Erlebst du so etwas? Ist es Meditation?" versuchte Christine ganz vorsichtig zu fragen. Schließlich hatte er sie ja gerade wirklich in einen Zustand subtiler Kribbligkeit versetzt, und sie spürte auch, dass er sie damit ködern könnte, einfangen in eine Richtung, von der sie nicht wusste, was sie sein mochte. Aber er hatte ja von einer Erfahrung „ohne Grund" gesprochen. Jetzt, wo der letzte Abend da war, wollte sie mit ruhigen Gedanken und klarer Orientierung sagen können, ob und wann sie sich wiedertreffen oder vielleicht gar zusammenbleiben könnten.

Ich kann sein Liebesspiel nur sehr zurückhaltend erwidern, dachte sie sich noch, sonst wird es doch wieder vom manischen Eros erfasst. Sie streichelte ihm über die Wangen und sagte: „Eigentlich will ich Liebe ohne Körper. Der manische Eros ist ja nur dann positiv, schön und kreativ, wenn er – wie du früher einmal gesagt hast – von den Olympiern kommt, vom Göttlichen. Können wir Menschen selbst in den Formen of a very gently netted tenderness, einer äußerst filigranen Zärtlichkeit, denn je olympisch werden? Immer steht der Körper dazwischen.

„Olympisch wahrscheinlich nicht, es fehlt die Chiffre", begann Greg wieder, nunmehr jedoch wieder ein bisschen abgehoben und elegisch, vielleicht fast wieder etwas elitär zu reden. Doch bevor er weiterredete, umarmte er nochmals ihren alten, knöcherigen Körper, der dennoch eine so geschmeidige Haut hatte. Sie drückten sich, behutsam, warm, zart, ohne viel Kraft, ohne irgendeine intime Heftigkeit, nur einfach so. So wie der Regen sich mit dem Meer vereint – wie Greg es gerade wieder gesagt hatte –, ohne viel Aufwand, Wasser zu Wasser, ungeschlechtlich. Oder doch nicht?

„Man muss nicht göttlich sein", meinte Greg. „Wir geben doch selbst den Pflanzen geschlechtliche Namen: die Fichte, der Ahorn, die Buche. Ist nicht vielleicht doch alles durch und durch erotisiert, wenn auch nicht spürbar und kaum wahrnehmbar? Es gibt eben genau genommen kein Wort dafür", sagte Greg, „und deswegen habe ich ein wortloses Wort erfunden, eine Sprache ohne Vokabeln. Ich weiß, dass es schwer für dich ist, wenn ich wieder damit anfange. Doch mehr sage ich ohnehin nicht."

„Aber ein wortloses Wort", sagte Christine, verstünde sie sehr gut. „Kennst du F. Perls ,dialogisches Selbst', bei dem man bis an den Rand eines Gestammels kommt, eines Stotterns, in dem jedoch die Wahrheit steckt?" Du musst zu einem Geständnis kommen, wortlos und doch mit Worten."

„Ja, ich kenne das", bemerkte Greg. Es ist besser, als wenn du stammelnd den Himmel anbetest oder dich nur stotternd vereinigst. Wahrscheinlich kann man nur wetten, so wie es der Philosoph Blaise Pascal vorgeschlagen hat. Er wettete darauf, dass Gott existiert. Ich wette darauf, dass es doch ein Geschlechtsverhältnis gibt, wahrhaft und real, sagbar und realisierbar, und zwar in dem, was ich dir schon einmal als die Verbindung eines ,Es *Strahlt*' mit einem ,Es *Spricht*' im Unbewussten erwähnt habe."

Aber nicht jetzt und hier, dachte Greg sich dazu. In dieser intimen, nahen, erotisch schon fast direkten Situation könnte das Spiel mit der Liebe nur zu sehr zu einem geschlechtlichen Zusammenkommen führen – er formulierte es bei sich in noch viel vulgäreren Wort-Gedanken – und das war es doch, was man jetzt nicht so einfach herzaubern konnte und sollte. Wofür hätte er es auch tun sollen? Christine auf diese Art beweisen, dass er die Wette gewonnen hätte? Die totale Hybris, die beginnende Paranoia. Mit dem banalen Eros kann man Frauen nicht heilen, ja, eben nicht mal eine. Man kann auch das Leben nicht mit modernen Mitteln, weiß Gott wohin, verlängern, wenn man nicht weiß, wofür man länger leben will. Und so wusste Greg ja nicht, wofür es jetzt den Alltagssex geben sollte. Für das Ultimative? Ein Mann mit einer Frau, mit der man eben alles teilte?

Greg überlegte: Wahrscheinlich – trotz aller Paradoxie, die da herausklingt – ging es noch am besten mit der Chiffre! Doch die würde er ihr an diesem Abend und in dieser Nacht nicht sagen. Dazu müsste von ihr etwas kommen, sie müsste ihn danach fragen, und dann wäre es vielleicht am besten, er würde es ihr schriftlich schicken, beendete Greg seine Gedanken. Ansonsten verlief die Trennung diesmal anders als vor fünfzig Jahren in Athen. Sie legten den Termin für ihr Wiedersehen noch am nächsten Morgen fest. Christine würde zuerst nach Turin kommen, Greg später dann einmal nach London. Schon in ein paar Wochen sollte das erneute Treffen stattfinden. Dazwischen wurden eifrig E-Mails geschickt.

Noch bevor sie sich trennten, hatte Greg erneut so eine Erfahrung beim Meditieren gemacht. Wie von weit her und doch ein Gedanke von ihm selbst: „Der Aufstieg vom Minustal". Wie kommt so etwas zustande? Es handelt sich nicht um einen Traum, eher um einen Wachtraum, in dem eine Strebung, eine Motivation, ein – wie Freud es nannte – unbewusster Wunsch, Begehren, sublimer Gedanke sich dem Bewussten so nähert, dass es rationale Sprachstruktur bekommt. Und dann ist auch der Sinn schnell erfasst: Es sollte wohl um die Beziehung zu Christine gehen, er, Greg, sollte aus seinem „Minustal" herauskommen, wozu das neue Treffen dienen würde. Nun war Greg nicht depressiv, aber seit der Trennung von seiner Frau Lisa, die er in Turin kennengelernt und geheiratet hatte, befand er sich durchaus gelegentlich im „Minustal". Der Ausdruck würde schon passen, wenn auch „der

Aufstieg vom Minustal" zu pathetisch, aufgesetzt und melodramatisch klingt, wie Greg dachte.

Greg hatte also wieder eines dieser Identitätsworte, wie er die Eingebungen oder Gedanken aus dem Unbewussten nannte, aufgefangen. Häufig waren sie nicht sehr hilfreich, manchmal gaben sie ihm aber gute und wichtige Hinweise. Es konnten auch negative, kritisierende Inhalte dabei sein, aber dies ist ja in einer herkömmlichen Psychoanalyse auch der Fall, ja vielleicht sogar das Übliche. Wenn die Übertragung des Patienten ins Negative rutscht, weil dieser auf seinen Therapeuten wütend ist, geht es meist um solche schmerzlichen Deutungen. Und es ist kein Geheimnis, dass auch in psychoanalytischen Gremien selbst solche Übertragungen und Gegenübertragungen, Sehnsüchte und Rivalitäten an der Tagesordnung sind. Greg hatte sich oft mit den Kollegen am Turiner psychoanalytischen Institut gestritten, und dies war sogar der Grund, warum er sich auch der Meditation zugewandt hatte. Manche Institutsleitungen verfahren nicht weniger distinkt als die Aufsichtsräte von Unternehmen.

Gregs Meditationsmethode bediente sich der bereits mehrfach erwähnten Chiffre bzw. Chiffren, auf die er im Laufe vieler Jahre gekommen war. Ausgangspunkt waren seine Indienerfahrungen gewesen, seine dort erlebte ‚Enstase' (das buddhistische samarasa), dann jedoch zunehmend die in Psychoanalyse und Linguistik benutzten Strukturen real-symbolischer Natur. Es ging praktisch gesehen um die Frage, ob ein biologischer Trieb, ein neurologisches Netzwerk oder eine grenzsprachliche Ordnung der beste Zugang zu Wahrheit und Wissen ist. Auf jeden Fall kann man mit letzterem ins Zentrum des menschlichen Subjekts vorstoßen, das war Gregs Überzeugung. Die anderen Wissenschaften dienen lediglich einem zunehmend sich mehrenden Sachverstand.

Kurz vor ihrem Abschied, sagte Greg zu Christine: „Erinnerst du dich noch an den Satz des chinesischen Philosophen Zhuangzi, den ich dir damals vorlas, als wir uns trennten? Er sagte: ‚Oh, würde ich nur einen Menschen kennen, der die Sprache vergisst, damit ich mit ihm reden könnte!'"

„Ja, ich erinnere mich daran", entgegnete Christine. „Was hatte es mit diesem Satz auf sich?"

„Er beinhaltet genau das, was ich immer mit meiner Chiffre sagen will. So wie Zhuangzi ihn ausspricht, ist er natürlich etwas paradox. Der Ausweg aus dieser paradoxen Situation kann nur darin bestehen, eine Formulierung am Rande des Sprachlichen zu finden, die noch gerade so viel Sprache ist, dass man sie vermitteln kann, aber sie eigentlich nichts sagt. Meine Chiffre ist so konstruiert, dass sie nicht wegen eines Mangels an klaren Bedeutungen nichts sagt, sondern gerade umgekehrt: In ihr stecken so viele Bedeutungen, dass man sich auf keine festlegen kann. Aber exakt deswegen, kann man sie ideal zum Meditieren verwenden."

„Inwiefern?", fragte Christine fast etwas verstört.

„Insofern, als du damals ganz recht hattest, dass ‚athanaton' keine solche Formulierung ist, denn man kann sie übersetzen. Sie klingt zwar schön und interessant, aber ihre Bedeutung ist zu klar, und sich ständig ‚athanaton' vorzusagen, macht einen sicher eher verrückt als weise. Aber eine Formulierung, deren Aufbau dem Unbewussten entsprechend perfekt korreliert und eben keinen Sinn vorgibt, sondern es dem Unbewussten selbst überlässt, einen solchen herauszugeben, ist genau das, was Zhuangzi gebraucht hätte."

„Nochmals, ich meditiere so eine Formulierung, und dann? Wie lautet die Formulierung denn überhaupt?"

„Du meditierst so eine Formulierung, indem du sie rein gedanklich in dir konstant wiederholst. Am besten zwei oder drei solcher Formulierungen, die diese zerstörte, vergessene Sprache repräsentieren. Das Unbewusste ist selbst – so Lacan – w i e eine Sprache aufgebaut, muss daher auf diese vergessene Sprache mit seiner eigenen vergessenen – wir sagen in der Psychoanalyse: verdrängten – Sprache, reagieren. Du wirst plötzlich in dir einen anderen, fast fremden, manchmal rätselhaften Gedanken wahrnehmen, ja hören, der sozusagen eine Antwort auf die Eingabe deiner Formulierungen ist."

„Ich habe es fast verstanden, aber wie heißt das Ding jetzt?", drängte Christine.

„Ich sage es dir das nächste Mal, wenn wir uns in Turin wiedertreffen".

„Aber dann sag mir nochmal, ob du dich auch dran erinnerst, dass ich dir auf deinen Satz von Zhuangzi etwas vom ‚Zen in der Kunst des Bogenschießens' erzählte. Auch da musste man so weit abschalten, dass man nicht mehr man selbst war", fuhr Christine fort. „Wenn du dich nur lange genug irgendwohinsetzt und versuchst, an nichts zu denken, fängst du auch plötzlich an, rätselhafte Gedanken zu haben."

„Ich erinnere mich wie du von Herrigels Buch erzähltest. Doch wenn die Gedanken immer rätselhafter werden, wirst du verrückt", bemerkte Greg fast etwas spöttisch.

„Es kommt auf die Liebe an. Deine wissenschaftlichen Formulierungen, deine Chiffren, geben dir Halt, weil du es mit dem Aufbau des Unbewussten begründest. Aber eine sehr starke Liebe gibt genauso Halt. Wenn die rätselhaften Gedanken – wie du sie nennst – von der Liebe mitgetragen werden, können sie nicht ins uferlos Verrückte abwandern. Im Gegenteil, sie werden nach und nach ihr Geheimnis preisgeben."

Greg war doch nicht wenig beeindruckt davon, dass Christine mit so einfachen Worten etwas sagen konnte, das irgendwie stimmig schien. Es passte doch zu seinem Inner-Innigsten, zu seinem „Erinnerungsakt". Er beschloss darüber gründlich nachzudenken. Letztlich war seine Methode ja nicht lieblos. Gregs Liebe galt seinen Lehrern in der Psychoanalyse, den Wissenschaften und all den Menschen, die Großartiges gedacht und bewirkt haben. Aber wessen Liebe, seine oder die, von der Christine so selbstsicher sprach, war diejenige, die mehr an Platons manischen Eros herankam?

„Du wirst mir eine Antwort geben", sagte Christine, die Gregs nachdenkliches Stillhalten bemerkt hatte, „wenn wir uns in Turin wiedertreffen – nein, nicht da, später, in London – oder in Athen?"

6. Zweite, kurze Unterbrechung

Ich muss nochmals auf den Anlass der Weiterführung des Romans, nämlich auf die Geschichte mit Lysienne, zurückkommen, der mich dazu geführt hat, Greg und Christine nach fünfzig Jahren wieder zusammenkommen zu lassen. Was ich nicht berichtet habe, war ein Satz in der letzten E-Mail dieser meiner früheren Freundin. Sie schrieb nämlich darin genau das, was ich vorhin auch Christine in den Mund legte, nämlich dass für sie nur noch die Gefühle zählen, nicht der Körper. Ich fühlte mich sofort ertappt und an mich als den anfänglichen Greg erinnert, für den die Empfindungen des Körpers die wichtigsten Gefühle waren. Hatte ich Lysienne gegenüber so sehr den Körper und den Sex betont? Auf jeden Fall schrieb ich ihr zurück, dass ich sie gut verstehen könne nach so vielen Jahren der Lebenserfahrung, der Körper aber vielleicht ihre Art, Angst zu haben, repräsentiere.

Ich ging davon aus, dass die tiefe, unbewusste Angst, die jeder in sich irgendwo vergraben hat, auch durch ein eigenes Angst-Symbol dargestellt ist. Doch dass Lysienne so offen den Körper nennt, erschien mir erstaunlich. Wie ja bereits in der ersten Unterbrechung meiner Romangeschichte erzählt, hat Lysienne mir darauf nicht mehr geantwortet. Entweder war sie – wie betont – nach fünfzig Jahren doch noch verletzt, dass unsere Beziehung – wohl hauptsächlich von mir ausgehend – beendet worden war, oder dieser Satz von mir über den Körper als Ausdruck ihrer Art, Angst zu haben, erschien ihr zu direkt, zu besserwisserisch, zu überheblich. Der supergescheite Psychoanalytiker macht sich wichtig. Erst sagt er, dass er damals nicht reif war, und jetzt ist er übergescheit.

Ich werde nie wissen, was sie wirklich meinte. Trotzdem glaube ich, dass eine Frau, die so sehr Empfindung und

Gefühl als wesentlich dominant gegenüber dem Körper betont, ja diesen fast abzulehnen scheint, vielleicht ihren Körper gar nicht mag. Der weibliche Körper wird gerade heutzutage so extrem und sexistisch vermarktet, dass man gut verstehen kann, wenn Frauen ihren Körper manchmal hassen und ihn verbergen, wo es geht. Manche europäische Frauen beneiden die Araberinnen, die in voller Montur im Meer baden und ihre Körperformen nicht zeigen müssen. Allerdings zeichnen sich ihre Konturen, wenn sie aus dem Wasser kommen, umso deutlicher unter den hauchdünnen langen Kleidern ab.

Selbstverständlich muss die Frau auch sagen können, dass sie ihren Körper grundsätzlich nicht mehr in die Beziehung einbringen will. Doch das hatte ich damals nicht verlangt, und jetzt hatte es schon gar keine Bedeutung mehr. Wir waren auch beide im Gegensatz zu meinen Romanprotagonisten, in festen Beziehungen. Aber darüber zu reden hätte ich für gut befunden. Doch so oder so, dieser E-Mail-Austausch gab nicht nur den Anstoß dazu, die Geschichte mit Greg und Christine nach so langer Zeit – denn fünfzig Jahre sind nun wirklich viel für ein Wiederaufgreifen einer Beziehung – weitergehen zu lassen. Die E-Mail-Korrespondenz regte mich auch dazu an, den Körper im weiteren Romangeschehen nicht von vornherein und so rigoros aus dem Spiel zu lassen, wie Lysienne sich das dachte, auch wenn ich Christine Lysiennes Argumente aufgreifen und weiter vertreten ließ.

Ich fühlte mich vielleicht von Lysienne auch ein wenig zurückgestoßen und mit der Erwähnung des Körpers als etwas Negativen desavouiert. Zumindest schien mir dieser Passus, dass nur noch die Gefühle zählen, als ein bisschen gegen mich gerichtet, gegen mich als ihren damaligen Freund. Denn ich habe ihr deutlich geschrieben, wie sehr ich mich über einen Kontakt mit ihr freute, und das waren nun wirklich nur Gefühle.

Egal, ich beschloss also den Körper bei Greg und Christine nicht so unbeachtet und abgelehnt zu vermitteln, wenn auch nicht vordergründig und betont. Schließlich erscheinen die Körper mit über siebzig Jahren ohnehin nicht mehr so geeignet für poetische Schilderungen. Man kann nicht mehr über die großen Amouren schreiben, indem man im Nebensatz von den wohlgeformten Wölbungen und parabolischen Erhebungen spricht, die darin einbezogen sind. Ich erinnere mich aber an die Bilder der Firma Benetton, die vor vielen Jahren mit alten, nackten Frauenleibern Reklame für sich machte. Die Körper waren jedoch relativ ästhetisch dargestellt.[30] Und auch sonst gibt es nicht wenig Literatur und TV-Berichte über den Eros im Alter. Freud selbst hatte sich gegen die ‚Sexualversion des Alters' ausgesprochen, diese sei unnötig und falsch. Aber gehandelt hat er nicht so. Kurz, ich meinte, den Körper doch in subtiler Form in den weiteren Romanverlauf einzuschließen.

---

[30] Für andere Gräuel-Werbung wurde die Firma Bennetton allerdings auch gerichtlich belangt und verurteilt.

7. κοινόσια (koinosia)

Noch bevor sie sich in Turin trafen, kam tatsächlich unter anderem von Christine wieder die Anfrage, was er denn nun mit seiner Chiffre meine. Nun holte Greg lange aus, was man in seiner Fülle gar nicht so wiedergeben kann. Er schrieb ihr daher brieflich, wie er in Agra bei einem Tropensturm an das Wort κοινός (koinos) gedacht habe. Es heißt so viel wie gemeinsam, Gemeinsamkeit, Gesamtheit. Das sei nichts Besonderes gewesen. Er habe aber dann seine Erfahrungen aus Griechenland und Indien in seine psychoanalytische Arbeit mit einbringen wollen. Ihn habe es immer schon gewundert, dass viele Leute zur Meditation nur ein Koan, ein Rätselwort oder ein Sanskritwort verwenden, das rein magisch-mystisch war. Aber leider wüsste man ja auch nicht, woran Zhuangzi selbst gedacht hat, Zen-Buddhismus war zu seiner Zeit schon en vogue.

Das Koan aus dem Zen-Buddhismus sei für uns ohnehin nicht brauchbar, argumentierte Greg, denn der Hintergrund und der Schlüssel dazu seien so fremdartig, so abstrakt, dass solch ein Rätselwort nur für den Eingeweihten, also den Zen-Meister und seinen Schüler, Bedeutung hätten. Der Schüler muss in der Meditation bei dem Versuch, das Rätselwort zu lösen, an der Person seines Lehrers quasi verzweifeln und somit erkennen, dass er selbst in sich die Wahrheit suchen und finden muss, der Meister kann sie ihm nicht sagen. Das Rätselwort ist ein Nonsens-Wort. Ähnlich verhält es sich mit den Mantras im Sanskrit. Sie sind selbst für Inder fremdartig. Aber gerade dadurch, dass sie vom Bewussten her nicht erfasst, verstanden und gelöst werden können, bewirken sie etwas im tief Unbewussten. Und darauf kommt es doch an, wenn es auch wegen des Magischen und Mystischen nicht verwendet werden kann.

Nun habe er, Greg, eine solche Formulierung gefunden, die in wissenschaftlich aufgebauter Weise eben solche Effekte erzeugen kann, wie sie im Zen oder Yoga genutzt werden, und er habe sie mit dem Grenzsprachlichen gemeint und in die Praxis umgesetzt. Das sei ja wohl ein großer Unterschied zu allen herkömmlichen Methoden. Dabei hat das Wort κοινός (koinos) eine Rolle gespielt. Er habe lange daran herumgebastelt und schließlich eine Formulierung gefunden, die ihren speziellen Charakter dann zeigt, wenn man sie kreisförmig aufschreibt. Dann kann man nämlich von verschiedenen Buchstaben aus gelesen immer wieder eine andere Bedeutung heraushören. Wie bei dem Koan oder Sanskrit-Wort würde ein Grieche daran verzweifeln, weil er zwar klare Bedeutungen, klare Worte lesen kann, aber nicht weiß, welchen Sinn die Worte zusammen ergeben sollen. „So paradox es klingt, aber nur solch eine Formulierung kann im Unbewussten etwas bewegen", schrieb Greg, „eben weil sie grenzsprachlich ist. Bei einem bekannten oder aus bewussten Teilen zusammengesetzten Wort beißt sich das Bewusstsein sofort fest und lässt dem Unbewussten keine Chance."

„Grenzsprachlich heißt also, dass es noch syntaktisch und grammatikalisch Sprache ist und doch nicht verstanden werden kann. Dies aber nicht, weil es sich um eine Fremdsprache oder ein modernes Gedicht handle, sondern über eine – wie die Psychoanalytiker sagen: Überdeterminierung –, d. h. dass zu viele Bedeutungen enthalten sind und man sich so auf keine festlegen kann,"

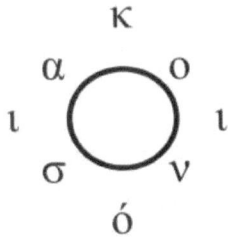

schrieb Greg. "So kann die hier im Kreis geschriebene Formulierung beim K anfangen und im Uhrzeigersinn gelesen, koinos ia heißen, ‚gemeinsamer Laut'. Aber beim O angefangen, kann man auch oi, ‚bis zu welchem Grad' und dann nossia, ‚Nest oder Brut' lesen. Schließlich klingen auch oinos, ‚Wein' und andere wie akoinos, ‚keinen Anteil haben', und noch weiteres heraus. Meditiert man solch eine Wort-Formel, provoziert man das tief Unbewusste, um es zu einer Entsprechung zu drängen."

Mehr schrieb Greg nicht, aber das war für Christine schon eher zu viel des Fraglichen, des Unklaren und linguistisch Verbrämten. Als sie dann jedoch nach Turin kam, standen erst andere Dinge im Vordergrund. Gleich am ersten Abend gingen sie ins Quattro-Latero, ins enge Altstadt- und Studentenviertel, wo sich Ristoranti, Cafés und Trattorie zu Dutzenden knapp aneinanderreihen. Die kleinen Straßen voll, der Lärm höllisch, das Lebensgefühl hoch. „Morgen gehen wir ins Ägyptische Museum. Wenige wissen, dass es das zweitgrößte Ägyptische Museum auf der Welt ist", ereiferte sich Greg. Aber Christine, die ja jedes Museum kennen musste, wusste dies natürlich. Doch Greg war inzwischen schon acht Mal dort gewesen und war stolz, ihr nicht nur etwas zu zeigen, sondern auch vieles Neues erklären zu können.

Auch diesmal lagen sie wieder bei offenem Fenster im Bett, es war selbst nachts richtig schwül und die heiße Luft stand wie eine drohende Wand auf den Straßen. Bald begann Greg von dem Feuer zu reden, das in ihm brannte. „Es ist ein wirkliches, aber gezähmtes Feuer", sagte Greg. Es gibt ja Menschen, die auch in hohem Alter miteinander schlafen, wenn sie wollen und können. Aber Greg wollte überhaupt nicht und Christine machte nur allgemeine Bemerkungen, dass sie sich es nicht mehr so richtig vorstellen könnte. Sie verstanden sich doch auch so bestens, sie liebten sich und waren doch auch reichlich alt. Nachdem Christine ihm aber doch so ein bisschen entgegengekommen war und nicht mehr von der Liebe ohne Körper gesprochen hatte, war ihm klar, dass es kein körperliches Hindernis bei ihr gab, wie er vorher gedacht hatte, als ihm das Wort Lubrifikation in den Sinn kam. Jetzt erinnerte er sich vielmehr wieder an das Wort Impotenz, das ihn ja ganz am Anfang in der Beziehung zu Christine öfter geängstigt hatte. Damals war es nervöses Leiden gewesen, heute die Angst des Alters und die peinigende Frage, ob es ihm vielleicht auch noch an Libido fehlen würde.

Impotenz ist nicht eine Frage einer angeblichen psycho-physischen Schwäche, sondern des Nicht-Mehr-Weiter-Wissens und mangelnder Bereitschaft zu weiteren erotischen Steigerungen. Was sollte er Christine auf diesem Sektor noch vermitteln, hatte er sich ja schon gefragt!? Christine war auch selbst in ihrem Leben auf den einen oder anderen Liebhaber gestoßen, wie sie einmal kurz durchblicken ließ. Nach dem Tod ihres Mannes war sie nicht allein geblieben und sie erinnerte Greg an ihr Statement damals in Athen, nämlich dass Sex für sie der Wunsch sei, nicht allein sein zu wollen. Diese distinkte Art von Intimität hat er damals lange nicht verstanden. Heute verstand er diesen Satz schon besser, weil sie ja ergänzt hatte, dass es eine geliebte Person sein müsse. Und das war er ja wohl.

„Nur", fragte Greg Christine, „wann wird eine Person ungeschlechtlich so geliebt, dass sie auch geschlechtlich geliebt werden kann?"

„Das ist vielleicht eine Frage der Steigerung", meinte sie.

Greg überspielte das ‚vielleicht' und fragte: „Es gibt also eine Scala, sagen wir von null bis zehn. Wo tritt die Steigerung in den umfassenden Eros ein?"

„Greg, du bist noch die Messlatten gewohnt, die du damals in Epidauros halten musstest. Natürlich erst ab Punkt zehn".

Mit ihm, dachte Greg, war sie also wohl schon auf sieben oder gar noch mehr. Er musste sich also entscheiden und sagte daher ganz schlau: „Was mich angeht, musst du über zehn sein, vorher geht gar nichts".

Christine lachte, streichelte zärtlich seine Wangen, während Greg wieder seine Hand über ihre Schultern und ihren Nacken gleiten ließ, sanft durch ihre Haare fuhr und etwas von ‚Alterssex' flüsterte, und von langsam lauer werdendem Wind, der durch das Fenster strich. „Ab zwei Uhr wird es kühler werden", sagte er, „so wie in Sounion, auf den Steinplatten des Poseidontempels, erinnerst du dich?" Er brauchte jetzt dieses harmlose verbale Liebesspiel, um sein Feuer in Schach zu halten. Wenn er das Feuer umsetzen sollte in echte Liebeskunst, so musste das harmonisch, ideal, der Manie angepasst gelingen. Es musste so sein wie der Hieros Gamos in den alten Sagen und Mythen, wo der König sich mit der hohen Priesterin paarte, kunstvoll, heilig, göttlich. „Mein Anspruch an einen erotisch-manischen Liebesakt ist zu groß", gestand Greg. „Aber es ist gut das zu wissen. Es wird nur passieren, wenn es passt."

In Turin passte es nicht. Sie waren im Ägyptischen Museum, sie schlenderten durch die Stadt. Sie fuhren nach Mailand, um den Domplatz zu sehen und durch die großartige Galleria Vittorio Emanuele II zu stolzieren, diese ausgedehnte, von einem schweren Stahl-Glas-Kuppeldach überspannte größte Passage Italiens. Christine kaufte sich ein mäanderartig gemustertes, dunkelgrün-zinnoberrotes Abendkleid. Sie sah schick, jung und fantastisch darin aus. Greg hatte darauf sein Leben lang nicht geachtet. Doch jetzt entdeckte er den Zauber der Verkleidung, die Vitalisierung durch ‚Maskerade' wie es eingangs als das Zeichen des Weiblichen zitiert worden ist. Und natürlich verstand Christine als Designerin auch etwas von Schmuck. Schmuck, der nicht nach seinem Goldwert, sondern nach seinem Symbolwert, Sprachwert, Mitteilungswert bemessen ist.

Erst kurz vor ihrer Abreise brachte Christine das Gespräch auf seine E-Mail-Nachricht über seine Chiffre. Greg musste ihr nochmals etliches neu erklären. „Da es kein Wort gibt, das man einem anderen in voller Wirklichkeit und Wahrheit übermitteln kann, weil dies schon zu viel Bedeutung, ja Sinn und damit Bewusstes mit sich führt, braucht es eine Sprache ohne Worte, wie es ja auch Zhuangzi gemeint hatte. Das heißt, sie muss noch so viel Sprache sein, dass man das als Medium akzeptieren kann, wie beispielsweise eine Formulierung, die von verschiedenen Buchstaben aus gelesen mehrere Bedeutungen in sich trägt. Wenn man das verstanden hat, kann man den ganzen Aufbau dieser Methode auch wieder vergessen, denn jetzt meditiert man nur das Wortklangbild einer derartigen Formulierung wie etwa □κοινc⊂ ℘ι±□.

„And what do I gain from it, was habe ich dann davon?", fragte Christine.

„Du hast davon, dass du nicht alleine bist. Ungeschlechtlichen Sex!" meinte Greg lachend.

Christine erinnerte sich an ihre Fähigkeit, manchmal eine innere Stimme aufzufangen wie damals nach dem Tod ihrer Eltern. Und natürlich verstand sie, dass Greg auf ihre Aussage, dass Sex der Wunsch sei, mit einem Geliebten zusammen zu sein, egal wie, reagierte.

„Im Unbewussten", erklärte Greg weiter, „gibt es etwas, das 'Spricht'. Aber Es 'Spricht' nur dann in einer Weise, die du auch von innen her auffangen kannst, wenn du das Unbewusste mit einer Formulierung provozierst, weckst, herausforderst, die nicht von vornherein schon Festgelegtes, Bewusstes und nur äußerlich Logisches beinhaltet."

„Dann kann ich auch ein indisches Mantra nehmen oder einen gregorianischen Choral", erwiderte Christine.

„Ja sicher", so Gregs Antwort, „aber dann kaufst du dir auch das ganze indisch-asiatische kulturelle, geistige und sprachliche Denken ein oder kannst gleich ins Kloster wechseln. Mit meiner Methode bleibst du auf westlich-wissenschaftlichem Boden."

Was er noch nicht klar sagte, bezog sich darauf, dass sein Vorgehen auch eine starke Verfeinerung, Sublimierung des eigenen Selbst mit sich führte. Denn einen Gedanken aus dem Inneren hören, war so etwas, wie nicht mehr alleine zu sein. Das hatte Christines Stimme ihr damals ja auch direkt so gesagt. Und nicht alleine sein, war Sex, egal welcher, dachte Greg. Zumindest bei Frauen hatte Greg, der als Psychoanalytiker früher und auch jetzt noch gelegentlich mit seiner Wort-Formel-Methode praktiziert hatte, diese Erfahrung machen können. Bei Männern hörte er immer wieder einmal, dass durch das Üben mit seinen Wort-Formeln auch sehr unsinnige, unsinnig-banale Chiffren provoziert wurden. Er meinte, dass man solche, mit denen man nichts anfangen kann, eben lassen und vergessen sollte. Nur die zutreffenden wirbeln einen in den Eros hinauf.

Christine reagierte auch so, wie Greg es gerade gedacht hatte, indem sie sagte: „Oh ja, dann werde ich dich immer in mir finden, wenn ich κοινόσια übe! Das ist der Sinn, jetzt verstehe ich dich. Das wird mich beruhigen, wenn ich gestresst und nervös bin. Wenn ich dich in mir zum Klingen bringen kann, werde ich glücklich sein. Aber manchmal, werde ich dich auch noch von außen her brauchen. Wann sehen wir uns wieder? Und wo? In London, klar!"

Dass sie ihn in sich finden sollte, war eigentlich nicht gemeint, dachte sich Greg. Darum geht es doch bei all den indischen Gurus, die ich in Rishikesh und anderswo gesehen habe. Dort geht es um eine bis zum Geht-nicht-mehr verlängerte positive Übertragung, die erst richtig aufgelöst wird, wenn der Guru stirbt. Vorher schon hat man ihn innen und außen gesehen, doch nach dem Tod des Gurus kann man ihn immer noch im Inneren ‚schauen', wie es beispielsweise Yogananda in seinem Buch ‚Autobiographie eines Yogi' schon im Jahr 1946 erklärte. Das Buch beeindruckte damals auch Thomas Mann. Aber man muss nicht in übertriebener Weise, in manischer Form, den Guru in sich finden, sondern ‚Es', das eigentliche Subjektsein, das Ganz-Bei-Sich-Sein. Darum ging es doch. Greg war etwas verzweifelt. Wenn es ihm schon bei Christine nicht gelingt, sie von der unsterblichen ‚Lieb-ido' zu überzeugen, egal ob durch körperliche Nähe oder durch seelische Übungen, wie sollte es dann gehen? Sein Leben lang hatte er an dieser Frage gearbeitet. Früher, in Athen, hat es sich noch um unreifes Experimentieren gehandelt. Nunmehr war er jedoch überzeugt, etwas Wichtiges gefunden zu haben und es auch unter die Leute bringen zu müssen.

Dabei hatte er es ja auch schon Fachkollegen vorgetragen, hatte Bücher veröffentlicht und Seminare gehalten. Für die reine Fachwelt war sein Verfahren aber nicht geeignet. Es musste etwas sein, wo der Funke auch persönlich überspringt, nicht nur durch Bücher, nicht durch vorwiegend wissenschaftliches Vokabular. Zudem war ein durchschlagender Erfolg für ihn gar nicht wichtig. Er hatte ein gutes Leben, konnte sich alles leisten und noch einmal die Liebe entdecken. Die normale, übliche, amouröse Liebe. Möglicherweise nicht die ‚vollständige Liebe' wie sie Christine einmal genannt hat und die sie vielleicht auch gemeint hatte, als sie so betont und empathisch bei ihrer Trennung in Paris von der Liebe gesprochen hatte. Aber wusste sie da wirklich ganz genau, was sie da gesagt hat?, überlegte Greg.

Er fuhr nach Hause, besuchte seine Kinder, traf seine frühere italienische Frau Lisa und schrieb einen Artikel für seine Erotologie-Webseite im Internet. Manchmal bekam er Zuschriften. Der Ausdruck „Erotologie" stammt von Lacan, der damit die Psychoanalyse als Wissenschaft charakterisieren wollte. Die Analyse war schon der richtige Weg in Richtung einer ‚vollständigen Liebe', denn sie wird nur persönlich, nur zwischen zwei Subjekten, vermittelt und lässt sich durch nichts objektivieren. Wenn er zurückblickte auf seine fast zweihundert Analysen, die er durchgeführt hatte, dann erschien ihm diese Arbeit viel zu aufwendig, zu umfassend und langwierig. Deswegen ist er auf sein κοινόσια gestoßen und hat es ausgebaut. Aber es dünkte ihm nicht als das Non-Plus-Ultra der Erotologie. Für diesen wissenschaftlichen Namen musste noch etwas erfunden werden.

Er musste nur Christine auf ihrem eigenen Weg begleiten und sich sogar mehr und mehr als derjenige zurückziehen, als dem sie ihm ein Wissen, eine wissenschaftliche Fähigkeit unterstellte. Deswegen sprach er – einige Zeit später – bei ihrer Begegnung in London überhaupt nicht mehr von Platon, von

Psychoanalyse und von der Chiffre, dem κοινόσια. Er wollte dies alles in ihrer Beziehung ausgeschlossen wissen. Auch das war ja Zhuangzis Gedanke, dass man eine festgefahrene Sprache vergessen muss. Solch ein Vorgehen fiel natürlich Christine auf, aber sie war schlau und sagte dazu ebenso nichts. Schließlich gefiel es ihr ja, dass sie nicht alleine und mit einer wiedergefundenen Liebe zusammen war; einer Liebe, von der sie überzeugt war, dass sie unterschwellig weitergelebt hatte in einer ganz kleinen, elementaren und doch ‚subliminal smoldering form', was man vielleicht mit ‚unterschwellig schwelend' übersetzen könnte. Ist nicht so eine dauerhafte, aber zahme, wohltuende Liebe (sie dachte hier: soothingly) die beste, die es geben konnte? Für sich war Christine ganz zufrieden. Aber war Greg dies auch? Musste sie ihm vielleicht doch helfen? Er hat die Sache mit dem Feuer in ihm betont, aber mehr als sich anbieten, konnte sie ja nicht tun. Aber sie beschloss, ihn wenigstens danach zu fragen.

„Was macht dein philosophisch-erotisches Feuer", fragte sie ihn, jedoch nicht im Bett, das wäre vielleicht zu konfrontativ gewesen. Das hätte nach einem ‚go on, what's now', ‚hic Rhodos hic salta', geklungen. Aber mit einem ernsthaften, fast besorgten Unterton am Nachmittag, war es kein Problem.

„Ja, das brennt noch etwas", sagte Greg durchaus wahrheitsgemäß. „Doch ich weiß ehrlich selber nicht, was es eigentlich will. Selbst nach so vielen Jahren als Analytiker müsste ich vielleicht wieder in eine Supervision gehen. Aber nach all den Jahren, ich denke, es wird auch so irgendwie gehen oder sich eine Lösung finden lassen."

„Nein, das genügt mir nicht", sagte Christine. „So habe ich nämlich das Gefühl, dass the buck, der schwarze Peter, wieder bei mir liegt. Was träumst du, was phantasierst du?"

„Vor ein paar Wochen habe ich einmal geträumt, dass wir in einem großen, breiten Fluss geschwommen sind, es war ziemlich dunkel, manchmal verloren wir uns aus den Augen, und das ging ewig lang so dahin. Indem wir untertauchten, konnten wir brausend-rauschende Geräusche erzeugen. Wie es ausging, weiß ich nicht mehr. Aber ich glaube, dass das Tosen und Rauschen unsere Beziehung artistically revalued, kunstvoll aufgewertet hat. Oder wie würdest du das deuten?"

„Na ja, da ist noch das Dunkle, ein blinder Fleck, den ich ja auch habe. Ich möchte dich distanziert nahehaben, ungeschlechtlich geschlechtlich, nicht zu heiß, nicht zu kalt, stark, aber gezähmt, stimulating, anregend und gleichzeitig exciting, aufregend."

Gott sei Dank konnten sie beide herzlich lachen. Sie waren sich einig, dass sie sich jetzt nicht besonders darum kümmern mussten, ob der blinde Fleck jetzt von selbst verschwindet oder man doch etwas dafür tun muss. Sie gingen zu Harrods und ins Britische Museum und fuhren zum Essen nach Chelsea in ein indisches Lokal. Alles war perfekt. Aber wie sollte es im äußeren Rahmen weitergehen? Sollte man zusammenziehen oder es so belassen und sich immer wieder in einer der eigenen oder auch in einer anderen interessanten Stadt treffen? Greg hatte Kinder und Enkelkinder, jeder hatte Freunde im eigenen Umfeld, und Christine betätigte sich immer noch ein wenig beruflich. Vorerst war dennoch alles gelöst, denn sie vereinbarten, sich das nächste Mal in Athen zu treffen. Sie wollten den Ausgangspunkt ihrer Beziehung wieder aufsuchen, dazu auch nach Epidauros fahren und in Phaleron im Cafenion sitzen.

Nun frage ich mich als Autor dieser Geschichte, ob es gut ist, noch ein weiteres Kapitel anzufügen. Denn allzu viel ist nicht mehr zu erzählen. Aber eine gewisse Zäsur ist nicht falsch.

Denn in Athen begann nicht alles noch einmal von vorn, aber es führte auch zu einem passablen Schluss. Greg und Christine waren sich einig, dass sie in Athen in ein tolles Hotel gehen wollten. Der Unterschied zu früher sollte gehörig gefeiert werden. Schließlich waren sie jetzt beide etablierte Leute, die sich Luxus leisten konnten, auch wenn sie dies nur gelegentlich taten. Bei ihren Treffen hatte immer der Gastgeber den anderen eingeladen, jetzt, in Athen, machten sie gemeinsame Kasse, und in dieser war erst einmal reichlich drin.

Sie gingen ins ‚King George Palace' Hotel, von dessen Poolterasse man einen großartigen Blick auf Athen und die Akropolis hatte. Und natürlich konnte man auch den Ardettoshügel sehen. „Ich glaube, ich kann sie noch sehen", sagte Christine süffisant-ironisch, „Sokrates und Phaidros, da drüben, unter den Platanen. Sie reden immer noch über die unsterbliche Seele."

Schon von zu Hause aus hatte Greg versucht, herauszufinden, ob es Safros noch gab und ob er vielleicht sogar noch in Athen lebte. Doch dies war nicht der Fall. So gingen sie gleich am ersten Nachmittag durch die Straßen der Plaka, in denen sie früher nutzlos herumgeschlendert waren. Die Menschenmengen, der Autoverkehr, die heiße Luft – alles hatte sich verdreifacht oder verschlechtert. Aber egal. Noch einmal zum Parthenon hinauf und zum Kerameikos, das musste sein. Und dann zwischen Omonia und Syntagma-Platz hin- und herflanieren war auch ein Genuss. Irgendjemand hatte ihnen auch ein Restaurant in der Palamädiou-Straße empfohlen, wo man unter großen Markisen auf dem Trottoir den ganzen Abend lang sitzen konnte.

Am nächsten Tag fuhren sie schon am Vormittag nach Phaleron, das jetzt Paleo Faliro heißt und sich freilich ebenso völlig verändert hat. Eine Schnellstraße geht nunmehr an einem belebten Strand vorbei, ohne jede Romantik, ohne Fischerboote und ohne nostalgisches Flair. Sie hatten sich ein Auto gemietet und fuhren gleich weiter nach Gliphada. Wo früher Greg und Safros mit den paar Schickeriatöchtern zu flirten versucht hatten, war jetzt ein Tummelplatz mit Riesentourismus, mit whiskytrinkenden Reichensöhnen und dickbäuchigen Neckermann-Kunden entstanden. Also auch erneut kein Platz für die beiden Wiederkehrer. Blieb noch Sounion, wo jetzt zwar der Besichtigungs-Fremdenverkehr blühte, es aber doch kurz möglich war, etwas abseits auf ein paar Steinblöcken zu sitzen und nach Kea hinüber zu schauen.

„Es muss doch eine Unsterblichkeit geben", sagte Christine, „und das ist die Wiedererinnerung. War es nicht so?"

„Ja, du entsprichst genau der Auffassung von der Anamnesis", erklärte Greg. „Verkürzt gesagt kann man Erkenntnis und Unsterblichkeit nur durch Wiedererinnerung erlangen. Dabei steht meiner Ansicht nach nicht nur eine philosophische Methode zur Verfügung, sondern eben auch eine direkte, aus der Anschauung, vom εἶδος (eidos), von der primären Erfasstheit, von der Meditation her. Hast du einmal ein kleines Stück von jener unsterblichen Seelenform, von diesem Wirklichen erhascht und verfügst zudem über eine Methode starker Sublimation, seelischer Erhebung, seelischer Verfeinerung und Meditation, genügt es, wenn du dich mit Inbrunst, with fervor, wieder daran erinnerst. Es handelt sich um den umgekehrten Vorgang wie in der Psychoanalyse, wo du mit dem Analytiker zusammen mittels einer bestimmten Gesprächstechnik Erinnerungen wieder weckst, die sonst verschüttet bleiben würden, aber für das Heil enthüllt werden müssen."

„Oh Greg, ich verstehe dich zunehmend besser, aber so ganz noch nicht. Ich habe schon viele Male dein κοινόσια ausprobiert. Na ja, man entspannt sich irgendwie. Es ist schon ganz gut. Wir müssen es mal zusammen üben."

„Ja, das machen wir", sagte Greg, wobei ihm ganz kurz, nur flüchtig, das verdammte Wort Sex wieder durch den Kopf ging. Blödsinn, dachte er noch, wir werden niemals das Geschlechtliche und das Ungeschlechtliche in einem gemeinsamen Sonder-Eros zusammenbringen. In der ersten Nacht im King George Palace hatten sie wunderbar in einem überdimensional großen Bett geschlafen, nahe zusammen, zärtlich gestimmt, und über Männlichkeit und Weiblichkeit geredet. Er fühle sich auch weiblich, sagte Greg, und erklärte, dass er darunter eine gewisse Form der Passivität, Sensibilität und Empfänglichkeit verstehe. Auch das entsprach Zhuangzis Botschaft: vom Männlichen ins Weibliche wechseln, vom Gedächtnis zur Anamnesis.

Diese Gespräche berührten die beiden und führten dann dazu, nicht zu aktiv zu sein, sondern mehr darauf zu achten, was der andere wolle oder intendiere. Und über diesem Gespräch hinsichtlich der schwerelosen Seelenart des Weiblichen und des mehr aktiven des Männlichen waren sie beide eingeschlafen. Sie waren todmüde von Sounion zurückgekommen, nachdem sie vorher noch mit einer kleinen Fähre nach Kea und wieder zurück gefahren waren und im Hotel gegessen hatten, was einfallslos war, aber ihrer erschöpften Verfassung entsprach.

Der nächste Tag sollte nach Epidauros gehen. Über die neue Autobahn war man in weniger als zwei Stunden dort. Früher hatte man fast einen Tag gebraucht. Selbstverständlich setzten sie sich wieder auf die oberen Stufen wie damals. Nur konnte Greg diesmal nicht die homerischen Verse rezitieren. Es waren zu viele Touristen da, und manchmal versuchte ein Fremdenführer, einen mittellauten Ton von sich zu geben, um eben diesen Effekt der besonderen Akustik des Theaters zu demonstrieren. Das war alles „nicht gut für die Anamnesis", scherzte Greg. Aber man konnte einen schönen Wanderweg hinunter zum Strand nahe Panagia gehen. Man musste zuerst ein Stück auf der Straße zurückfahren, und dann zu Fuß durch die Macchia und Ginsterbüsche wandern. Sie fanden eine kleine, leere Bucht. Wie zwanzig Jahre jünger sprangen sie nackt ins herrliche blaue und türkisfarbene Nass, angenehm kühlend und belebend, sodass sie sich dann selbst in der Mittagshitze im Sand sonnen konnten.

Nicht lange natürlich, denn jeder hatte schon ein paar kleine Stellen aktinischer Keratose, einer relativ harmlosen Hauterkrankung durch Licht und Sonne. Sie zeigten sich ihre Altersflecken und lachten über die faltigen Muskeln und die schrumpelige Haut. So konnte man schon zusammenbleiben, dachte Christine wieder. Es ist doch besser, als wenn jeder in seiner Stadt sitzt, sprachlos, hässlich und einsam. Sie würde sich vielleicht doch von London trennen können. Ein paar Arbeiten müsste sie halt noch abwickeln. Aber Greg wollte sie davon jetzt noch nichts sagen. So etwas sollte zusammen ausgehandelt werden.

Erst spät nachts landeten sie wieder in ihrem King Size Bett. Diesmal war es ein warmer Südwind, der durch das Zimmer strömte, und Greg griff das Gespräch von Sounion über die Wiedererinnerung auf und dass er nicht nur an seine Chiffre gedacht habe, als Christine vom gemeinsamen Üben redete. „Ich habe an Sex gedacht", gestand er, „gemeinen, einfachen Sex". Er streichelte sie wie immer und Christine zögerte nicht lange: „Ob wir's probieren oder nicht probieren, ist doch egal", sagte sie und zog ihn etwas zu sich heran.

„Ich muss dir aber etwas gestehen", flüsterte Greg, „ich habe eine Tablette Testosteron genommen. Ich denke, ich habe

keine Probleme mit der Potenz, sondern mit der Libido. Für die Lieb-ido braucht es in einem minimalen Ausmaß die Fähigkeit von Merkmalen des Anderen erotisch stimuliert zu werden. Ich bin zu gehemmt dafür, eben weil ich glaube, dass wir uns im körperlichen Sex nichts Echtes, Wahres sagen können, so sehr ich mir auch etwas einfallen lasse."
„Umso besser können wir es mit der ‚Lieb-ido' probieren", philosophierte Christine in deutscher Sprache und küsste ihn. „Die mit dem langen ie, was ist, ist, was nicht, nicht." Sie umarmten sich leidenschaftlich und fast etwas ausgelassen, und Christine fiel κοινόσια ein. Sind wir ein Miteinander, fragte sie wie in Trance, und dann, nach weiterem Schweigen, wiederholte sie in sich erneut κοινόσια, das *Formel-Wort*, und halbträumerisch dachte sie es wieder und nochmals ganz innig wieder und wieder, als sich vor ihr plötzlich das Meer auftat, sich schäumend, kräuselnd und rauschend, und öffnete und öffnete. Das Meer in seiner unermesslichen Weite, Schönheit und tiefblauen Farbe. Es hob und wogte sie mit unsichtbaren Wellen, mit hohen Wassern und brandendem Getöse. Sie schwebte, sah helle Wolken sich über dem Ozean türmen, glitt über sie hinweg oder sank durch sie hindurch. Irgendwo weit hinten tauchten wundervolle Berglandschaften auf, und schon längst hatte sie κοινόσια vergessen, war wach und doch wie in einer leichten Trance. Das Meer war um sie und sie war das Meer.

Sie blieben beide umschlungen und keiner sagte ein Wort. Greg fand, dass es gut war, auch wenn er dachte, Christine könnte es nicht so empfunden haben. Aber er war tief entspannt und glücklich. Erst nach langer Zeit sprach Christine zu ihm und sagte. „Morgen erzähle ich es dir, heute kann ich es gar nicht mehr sagen. Es war wunderbar". Darüber schliefen sie ein und waren erst sehr spät am Morgen wieder wach.

„Du musst mir erzählen, was da so wunderbar war", sagte Greg. „So etwas hast du doch früher auch erlebt."

„Doch, wunderbar schon, aber nicht so." Und dann schilderte sie ihm in allen Einzelheiten, was sie erlebt hatte. „Es war erst nur ein Schweben, und dann war auf einmal das Meer da, so wie es in Wirklichkeit ist, phantastisch blau, blaugrün, azurit und gleichzeitig schäumend, tosend laut. "Ich war mir sofort klar, dass das jetzt eine Reaktion auf das κοινόσια aber auch auf deinen Traum war," sagte Christine, "eine meditative Reaktion, fast wie eine Halluzination intensiver Zweisamkeit. Aber ich war mir auch voll bewusst, dass es ein Gefühl von mir selbst war, das ich vielleicht als Kind einmal gehabt habe und was ich in manchen Träumen auch schon mal gespürt habe und das ich jetzt mit dir hatte, ich weiß es nicht."

So langatmig waren die Gedanken nicht, die Greg durch den Kopf gingen, er sagte einfach zu Christine: „Ich habe das mit der Zweisamkeit gut verstanden, von der du vorhin gerade sprachst. Ich habe, nachdem ich gestern in dich gedrungen . . . . ."

„Du warst in mir!" rief Christine fast erschreckt aus, doch dann lachte sie. „Ich kann das nicht glauben . . . ."

„Ja, vielleicht nur manisch, manisch erotisch," unterbrach sie Greg und lachte etwas verlegen, obwohl er sich im selben Moment ganz groß und stark fühlte, wie ein Magier, wie der Liebesgott selbst. „So etwas erleben Frauen nicht oft, es ist Ausdruck ihrer Art des Orgasmus, obwohl das Wort Orgasmus hier vielleicht zu sexistisch, zu männlich, zu mechanisch ist. Ich habe einmal im Hite-Report herumgeschnüffelt, da war öfter davon die Rede, dass Frauen beim Liebemachen Lichter, Farben und Landschaften sehen. Und in der

Meditation habe ich auch schon so etwas erlebt, aber nicht so heftig und authentisch wie du. Aber es ist egal, ob es von oben oder unten, von links oder rechts herkommt. Es geht ganz genau um Platons ‚Lieb-ido', die man nicht erzeugen kann, die einfach da ist, immer und überall."

„Es war phantastisch, man könnte süchtig danach werden", sagte Christine. „Vielleicht wäre es noch weiter gegangen, es war nicht Sex, beflügelt hat mich κοινόσια. Hätte ich es doch noch länger with fervor, inbrünstig, in mir wiederholt. Vielleicht war es aber auch unser Zusammentreffen, der Tag am Meer, oben in Sounion stehen, die schönen Tage bisher, deine streichelnden Bewegungen, das Zusammenliegen und dann eben der Höhepunkt, der mit Sex gar nichts zu tun hatte. Oder doch, vielleicht mit dem weiblichen Sex? Erinnerst du dich noch, wie ich gesagt habe, Sex ist für mich ganz innig, zu zweit zu sein? Ein Paar zu sein, eine Zweisamkeit! Ich weiß es nicht mehr ganz genau, und wir sagten ja, dass es ganz unwichtig ist, was man geschlechtlich oder ungeschlechtlich nennen soll. Ich glaube, ich habe auch noch deine Stimme gehört, oder vielleicht war es die von Zhuangzi", meinte sie lachend.

„Und hat sie gesagt: Du bist nicht allein!? Aber ich verstehe jetzt, warum du in Paris gesagt hast, ich muss dir in Athen eine Antwort auf die Frage nach deiner Version von Liebe geben. Ja, du hast recht, die rätselhaften Gedanken verschwinden und man ist doch nicht allein."

„Ja, so etwas hat die Stimme gesagt, vielleicht auch so etwas wie up, auf, höher.

„Gehen wir doch höher, aufs Dach in den Pool", sagte Greg diabolisch zwinkernd, „ich will auch das Meer erleben, wenn auch in Miniatur, aber eben hoch oben. Und dann reden wir von Zhuangzi".

So nahmen sie ein Morgenbad auf der Dachterrasse des King George Palace Hotels. Kein anderer Gast befand sich dort, sie hatten das Meer über den Dächern von Athen für sich allein. Und auch ein paar Wolken schwebten weit oben darüber, zogen über den Lykabettos und die anderen klangvollen Hügel. „Freilich war es Zhuangzis Meditation", sagte Greg. „Zuerst nur ein Bett, in dem es zu einer Art von Sterben kommt, hinüber ins Meer und in die Unendlichkeit, und dann wieder hinauf zum Pool und zum grandiosen Frühstücksbuffet mit Papaya, Mango, Ananas und griechischem Käse: Feta, Kasseri, Manouri, Kalathaki Limnou, Graviera Naxou und Kefalotyri! Was für Namen!" Greg war wieder in seinem alten Element der eponymischen Kristalle.

Christine kam noch einmal auf die vorige Nacht zurück und meinte: „Mein Höhepunkt gestern have not been you or your little thing there", sagte Christine. „Der Höhepunkt war κοινόσια, willst du die Chiffre deines philosophischen manischen Eros verleugnen!? Es war κοινόσια, das mir das Meer gebracht hat, den Höhenflug und deine Liebe. Das habe ich jetzt doch endlich verstanden! Wovon hast du da geredet?"

„Ja, ja, auch mir genügt jetzt ja anscheinend auch der weibliche Sex, wenn er auch nicht weniger anstrengend ist als der männliche", machte Greg klar. „Denn zur ganz innigen Zweisamkeit gehört wohl tatsächlich, dass man vorher am Meer gewesen sein muss, dann muss laue, prickelnde Luft nachts zum Fenster hereinkommen und man sich in gehobene Stimmung geredet haben und zum Schluss an ein *Formel-Wort* denken und als Höhepunkt not the little thing there but the thing as such, as itself show off to advantage (das ‚Ding' an sich zur Geltung kommen lassen). Man sollte da keinen so großen Unterschied machen", protestierte Greg.

Sie kicherten wie Kinder, Christine schüttelte ein paar Mal den Kopf, und sie einigten sich darauf, dass es ‚Es' gewesen war, das den Höhepunkt herbeigeführt hatte, und letztlich ungeklärt blieb, was wirklich passiert war. So steht es doch auch in den guten Kriminalromanen, wo der Fall fast aufgeklärt wird, aber eben nur fast. Doch am nächsten Tag war die Abreise geplant und die Frage tauchte wieder auf, wie es weitergehen sollte. Christine war bereit, aus London wegzuziehen, in einem halben Jahr, vielleicht auch früher. Doch das Entscheidende schien ihnen nicht die äußeren Verhältnisse zu sein. Vor allem Greg dachte daran, seine Methode mit dem κοινόσια noch weiter für den alltäglichen Hausgebrauch ausbauen zu müssen. Es ist doch kein Problem, jeden Tag eine Stunde lang zu meditieren.

„Platons gehobener manischer Eros ist immer noch der beste Begriff für etwas Übergeordnetes", meinte Greg bevor sie aus Athen wieder abreisten. „Aber man muss ihn mit dem Begriff des Innig-Innigsten, des „Erinnerungsaktes" im Manisch-Erotischen verbinden, des Weisen, des σωφρως (Sophros), des Wissenden und Liebenden. Denn sonst muss man ihn stets mit dem Göttlichen zusammenfügen, und da steckt man wieder in der Mania des religiös Vorgefertigten oder Banalen. Man muss ihn mit dem Sex verbinden, dem Meta-Sex, wie du einmal gesagt hast. Man muss diesen Eros mit Lacan verstehen, mit dem ‚linguistischen Kristall' wie er es nennt, also so etwas wie dem κοινόσια und deiner Form von Liebe. Es muss etwas zutiefst und fast grenzwertig Symbolisches und etwas ebenso realbezogen Bildhaftes, eben Kristallines sein, das sich im Moment der Meditation ereignet, exakt das, was Zhuangzi gefehlt hat. Er wurde wohl nicht so geliebt und konnte selbst nicht so lieben.

„Das Kristalline war für mich das Meer mit seinen myriads of water crystals, seinen Myriaden von Wasserkristallen", bestätigte Christine. „Und zudem hat es laut gesprochen, irgend so etwas wie open, geöffnet, out, raus, oder up, auf gesagt. Seltsam, man denkt unwillkürlich an something spiritual, Geistiges, chanting, Anstimmendes, revealing, Enthüllendes und vor allem an Liebe, vollständige Liebe."

„Im Phaidros steht zwar etwas vom eigentlichen Namen, aber es geht um den Namengebenden selbst, der ja der Philosoph ist, wie Sokrates erklärt. Doch wo holt der Philosoph seine Begriffe her," sagte Greg. Nimmt er sie aus dem innigen Erinnerungsakt, der er selbst ist, aus dem Vergessen und wieder Erfinden? Der ‚linguistische Kristall' – übrigens die gelungene Verbindung des ‚Es *Spricht / Strahlt'* hat dir die Erfahrung mit dem Meer und seiner Stimme gegeben. Es hätte auch der Himmel sein können oder der Erdkern, das Wesentliche ist der sich selbst Namengebende, der die Sprache vergessende und wieder Findende, der ‚Spiegel- und Echo-Diskurs', wie er allerdings in der Geschichte von Narziss missraten ausgeht.

Greg war wieder im Rausch der Worte, der ‚Eponyme', Er wollte sich stets absetzen vom erstarrten religiösen Ritus und so seine Methode auch eine Selbsttaufe nennen. „Wir brauchen nicht immer jemanden, der uns die Namen gibt, uns tauft oder ein Pass- und Identitätswort vermittelt. Wir müssen das Wort, den Begriff, den Namen unserer Identität in uns selbst finden, und dies geht nur über etwas, das am Rande der sprachlichen Ordnung operiert. So, dass es also noch gerade Sprache (Echo, *Spricht*) ist und doch eben nur Kristall

(Spiegel, *Strahlt*)", schloss Greg seinen ihm anspruchsvoll scheinenden Kommentar.

Christine verstand ihn jetzt, wenn auch nicht in der gleichen intellektuell-technischen Ausdrucksweise. Aber sie verstand, was er wollte, was seine wesentliche Intention war, sein Impetus, sein Logo. Sie verstand, dass er sich so, über seine Wissenschaft, über seinen Platonismus, vermitteln musste, und dass er vielleicht noch gelegentlich den geschlechtlichen Sex brauchte oder dachte, zu brauchen. Denn es war schwer zu sagen, was für ihn wirklich notwendig war. Endlich ein Durchbruch seiner jahrelangen Forschungen? Christine wusste auch, dass er sie brauchte, wenigstens als Fan seiner Methode.

Und auch Greg wusste, dass Christine ihn vor allem als ihren Lebenspartner nötig hatte, ihn als Existierenden, der in ihrem Raum und ihrer Zeit anwesend und zugegen war. Vorhanden als nicht unbedingt ‚manisch erotisch', aber mit Sicherheit neben seinen praktischen und theoretischen Kenntnissen auch körperlich. Sie brauchte seine Umarmungen und seine Streichelgesten, denn auch diese konnten schon den Raum weiter öffnen und die Wellen des Meeres und die Dünungen der Wolken spüren lassen.

„Du brauchst mich als Vorhandenen", sagt er zu ihr. „Und ich bin gerne für dich vorhanden. Ich bin weiterhin dein εραστες (erastes), das ist eine Bezeichnung, die für alles gilt, was mich mit dir verbindet. Als dein erastes bin ich auch κοινόσια, dein Rätsel- oder *Formel-Wort*, mit dem du mich rufen kannst, wenn ich nicht da bin.

„Wirst du mich wirklich hören, wenn ich dich so rufe?" fragte Christine. Selbst Gott hat einen meist nicht gehört, wenn man ihn mit seinem Namen gerufen hat."

„Aber das ist es ja eben. Man muss mit einem Namen rufen, der nicht schon so definiert ist, der nicht schon in seiner bloßen Bezeichnung seine eigene und wirkliche Signifikanz mit sich führt", erwiderte Greg.

„Gut, wir werden es probieren, ob du kommst, wenn ich κοινόσια rufe", sagte Christine lachend.

„Nicht ich, nicht mein Ego wird kommen, aber Es wird da sein", meinte Greg. „Es einfach, das ‚Ding' als die der Liebe unterstellte Wissenschaft. Ob es für dich das Meer und der Regen ist, oder die Palmen, der Sand oder . „.

„Der Eros natürlich", fiel sie ihm ins Wort. „Der Olympische".

„Also gut, der Olympische".

Es, das war, wie sie selbst auch sagte, die Weisheit ihres eigenen Eponymos, der ihr sagte, sie solle mit Greg zusammenziehen. Mit ihm, den sie also nicht als Lehrmeister brauchte, sondern als Gesellen. Nicht umsonst kommt das Wort ‚gesellig' vom Althochdeutschen *selida,* Wohnung, das heute in „Saal" enthalten ist, und *gisellio* , das demzufolge der „Saalgenosse" ist. Er sollte mit ihr Raum und Zeit teilen. Aber zu sich selbst finden würde sie weiterhin im Alltag, in ihrem Beruf, mit Freunden und in der Meditation allein.

Und Greg? Ein Mal kamen sie im folgenden Jahr noch so zusammen wie im King George Palace Hotel und das Meer und die Wolken tauchten auch so gelegentlich auf, wenn der Tag, die Stimmung und die Weisheit der Geselligkeit sich zusammentaten. Sie zogen ein Jahr später nach München, wo Greg eine schöne Wohnung in der Nähe des Luitpoldparks gefunden und gekauft hatte. München war zwar nicht London, Paris oder Rom, aber mit Athen, meinte Greg, könne es mithalten. Nicht wegen der antiken Bauten, aber wegen der Möglichkeiten zu guten Erinnerungen.

Denn auch Christine war als Kind schon einmal dort gewesen, daher hatte sie ja die paar deutschen Worte, mit denen sie gleich zu Anfang, auf den Stufen in Epidauros bei Greg brillierte. Sie erinnerte sich an die Schlösser und an die Schönheitsgalerie in Nymphenburg. Aber sie erinnerten sich auch beide immer wieder an die frühen Tage in Griechenland, und wie wenig sie sich damals verstanden hatten. Sie hatten fünfzig Jahre gebraucht, um das zu bessern.

„Ich glaube", sagte Christine, „dass wir die fünfzig Jahre auch nötig gehabt hätten, wenn wir von Anfang an zusammen geblieben wären. Wir hätten viele Auf´s und Ab´s erlebt, doch das Ergebnis wäre das Gleiche. Gleich gut natürlich."

Das Problem in München war nur, dass sie dort fast niemanden kannten, und mit über siebzig findet man nicht so leicht neue Freunde. Immerhin konnte ich argumentieren, dass Greg dort aufgewachsen war, daher noch zu dem einen oder anderen aus früheren Beziehungen Kontakt herstellen konnte. Zudem hatte er ja dort auch studiert, und so gab es von daher ebenfalls noch Beziehungsmöglichkeiten.

Und Christine konnte eine Freundin aus London bewegen, in München ein Designerbüro zu eröffnen, dessen Gründungsvoraussetzungen und Möglichkeiten sie ausführlich recherchiert hatte. Zudem dachte ich mir, dass ich Greg und Christine noch zusätzlich an einer sozialen Tätigkeit mitbeteiligt sein lasse, so dass sich schon von all dem her ihr Alltag nicht schlecht ausnehmen musste. So engagierten sie sich später bei der Flüchtlingshilfe der Stadt. Dass der Alltag sich grundsätzlich nicht schlecht ausnahm, war auch durch ihre weiteren Beschäftigungen mit der Meditation garantiert.

Κοινόσια sollte nicht der einzige Steigbügel in die Methode bleiben, den manischen Eros statt durch Philosophie durch Meditation zu bändigen und doch auch zu leben. Greg bastelte also an neuen *Formel-Worten* und sie probierten sie zusammen aus.

Eine bessere Partnerin als Christine konnte Greg sich wirklich nicht vorstellen. Ich denke, ich habe Christine zu Genüge als ideale, weibliche, gefühlvolle, mit Humor ausgestattete, intelligente und körperlich nach wie vor reizvolle Frau geschildert und auch Greg dies sehen und erkennen lassen. Christine wurde im Laufe der Zeit auch noch zur großen Leserin belletristischer und biographischer Literatur und gründete sogar einen Literaturkreis mit ihren inzwischen neu gewonnenen Freundinnen. Mit Gregs Methode erfuhr sie eine perfekte Entspannung, und wenn sie dabei auch nicht immer die Wellen sah, so fühlte sie sich doch wie von ihnen getragen und gewogen. Mehr brauchte es ja nicht. Es war da, Es, sokratisch, olympisch. Und ‚Es' war unsterblich..

8. Nachwort und Anhang

Im zurückliegenden Text ist mehrfach vom meditativen Verfahren mittels formelhafter Ausdrücke gesprochen worden. Im Hintergrund steht die von mir entwickelte Methode der *„Analytischen Psychokatharsis'*, wie ich sie in zahlreichen Büchern und Vorträgen veröffentlich habe. Hierbei werden lateinische Formulierungen gewählt, die sich besser als griechische oder von anderen Sprachen stammende Worte eignen. Dadurch kommt auch der wissenschaftliche Charakter der Methode präziser heraus. Das Verfahren besteht aus zwei Übungen und ist von seiner praktischen Seite her sehr einfach.

Erste Übung. Man sitzt in bequemer Haltung (anfänglich mit geschlossenen Augen) und wiederholt in der ersten Übung rein gedanklich, langsam hintereinander zwei, drei oder bis zu fünf *Formel-Worte*,[31] während man gleichzeitig darauf achtet, ob im Inneren vor einem etwas auftaucht, das den Charakter eines ‚Strahlt-Punktes', eines Es *Strahlt* (des Erscheinungs-Wirkenden oder Schautriebs) hat. Es kann einem wie Licht vorkommen, hat aber mit dem physischen Licht nichts zu tun. Es kann sich vielmehr um eine Erhellung, Körperbildwahrnehmung, ein Schimmern, eine ‚Luzidität' oder irgendetwas Ähnliches handeln, dem eben solch ein Phänomen zukommt. Lacan spricht diesbezüglich auch von einer ursprünglichsten ‚Phosphoreszenz'.

---

[31] Weitere *Formel-Worte* sind in anderen Veröffentlichungen oder auch auf der hinten angegebenen Webseite zu finden. Vorerst genügen die hier im Anhang erwähnten drei. Mehr als fünf braucht man in nicht verwenden.

Dabei bezieht sich Lacan ganz klar auf etwas Gegebenes, etwas, was dem sogenannten Primärprozess des Triebs, der Vorstellungsrepräsentanz, zugehörig ist. So kann es sich auch als ein körperhaftes Durchschauern, ‚Durchrieseln' ereignen, das schon Goethe in seinem Faust als „der Menschheit bestes Teil" nominierte.[32] Diese Erfahrung verdeutlicht am stärksten das, was ich, aber auch schon die Autoren der Antike, als Katharsis bezeichnet haben. Vereinfacht gesagt sind in der Antike Furcht und Angst als unbewusste Form des Erscheinungs-Wirkenden und Mitgefühl als unbewusste Form des Wort-Wirkenden zwei Grundkräfte, die in der Katharsis zusammengeführt werden. In der Antike verwendete man dafür die Tragödien des Sophokles und anderen Autoren, heute steht dafür die Psychoanalyse oder die *Analytische Pschokatharsis* zur Verfügung.

Bei ihr kommt es – aufgrund der sich erhebenden Katharsis – spontan, anfänglich, aber oft erst in einer zweiten Übung (siehe später) durch Konzentration auf ein Nach-Innen-Hören, eine Antwort (*Pass-Wort*) auf diese erste Übung zustande. Das Erscheinungs-Wirkende, das Es *Strahlt,* ist also nicht etwas, das man selbst imaginieren, erzeugen oder gar erzwingen muss. Es ist in jedem Menschen als Primärform eines im Hintergrund wirkenden Kräftegeschehens vorhanden und muss so nur geweckt oder erwartet werden. Genauso kann aber auch ein ‚Durchrieseln' zu spüren sein oder die Empfindung auftauchen, wie das eigene Körperbild sich verschiebt, sich weitet oder es einfach nur als schwarze Farbe, Fleck vor den geschlossenen Augen festzustellen ist.[33] Egal

---

[32] Goethe, W., Faust II, Vers 6272
[33] Ich erwähne nochmals, dass die Erfahrung des ‚Durchrieselns' etwas mit atavistischen Gefühlsreaktionen zu tun hat, also z. B. mit einem den Rücken herunterrieselnden Schauer bei einer

was auch immer ‚gesehen' oder erfahren wird, es wird den Charakter von einem auch nur ganz geringen Es *Strahlt, Scheint,* ‚Strahlt-Punkt' haben, und das genügt.

Man muss nicht einen Kurs besuchen, um diese Erfahrung zu haben, die ja authentisch als Aspekt des Wahrnehmungs-, Blick- oder Schautriebs in jedem Menschen vorhanden ist. Man kann die Übungen rein nach ausreichender Information durch den Text des Buches oder durch die kostenfreien Broschüren aus dem Internet und der hier formulierten Praxisbeschreibung selbst durchführen.[34] Während also anfänglich durch die Achtung auf das *Strahlt*-Phänomen bereits eine leichte Entspannung eingetreten ist, wird diese durch die gleichzeitig gedanklich wiederholten *Formel-Worte* (ähnlich wie das koinosia, aber nunmehr durch das nebenan dargestellte (ENSCISNOM) und im Folgenden durch weitere gezeigte lateinische, im Kreis geschriebene, Formulierungen) vertieft.[35] Es ist verständlich, dass

ergreifenden Musik oder bei den tiefgehenden Emotionen der Frühmenschen, die noch viel mit ihrer unbedeckten Haut gefühlt, ertastet und umweltbezogen kommuniziert haben. In der *Analytischen Psychokatharsis* wird diese Erfahrung jedoch als Bestätigung einer Erkenntnis genutzt, z. B. bei den *Pass-Worten*.

[34] Texte wie ‚Die körperlich kranke Seele I' und/oder ‚Psychoanalyse / Meditation' können unter >analytic-psychocathar-sis.com< kostenfrei heruntergeladen werden. Ein Kontakt zum Autor kann unter g.vonhummel@web.de nachgefragt werden.

[35] Vom S rechts aus gelesen heißt es SCIS NOMEN (du weißt den Namen), vom M aus MENS CIS NO (der Gedanke diesseits von No), vom O ausgehend OMEN SCIS N (du kennst das Omen N, und so weiter (die volle Auflistung gebe ich gegen Ende des Kapitels). Wichtig ist, dass alle diese Bedeutungen, die sich nach

durch das monotone, rein geistige Wiederholen dieser Formulierungen das *Strahlt*-Phänomen weiter begünstigt wird, was wiederum die Wiederholungsarbeit fördert. Beides, innerliches Wahrnehmen und rein mentales Wiederholen der *Formel-Worte* schaukeln sich so zur intensiven Katharsis auf.

Hier erweist sich die Praxis als Beleg für die im Text gemachte theoretische Feststellung, dass Sprachliches, das nichts direkt sagt, eine viel stärkere meditative Wirkung hat, als das gedankliche Wiederholen von Begriffen, Gebeten oder eindeutigen Aussagen, an denen man bewusst hängen bleibt und nicht die Tiefe oder Höhe des Unbewussten erreicht. Luther soll vor seinem Tod unruhig und nervös mit Gebeten gerungen haben. Mit einem *Formel-Wort* – hätte er gewusst, was das ist und wie es funktioniert –, wäre dies nicht notwendig gewesen. Denn wer spricht denn diese irrationalen, jenseitigen, zerhackten Formulierungen, man selbst oder bereits der Tod, das Ich oder der *Andere*? Ein E N S C I S N O M oder I S N O M E N S, egal von wo aus man es liest, sagt nichts von dem, was es weiß, aber es hat trotzdem Sprachgewebe, nicht Syntax, sondern noch davor liegendes Signifikantes, Algorithmisches.

Mit dem Schwung der Katharsis kommt (wie erwähnt manchmal schon unmittelbar) der wichtige Effekt zustande, dass der B(r)uchstabenmix der *Formel-Worte* durch die ‚défilés du signifiant' (die Engführungen des Signifikanten) hindurchgetrieben wird und die *Pass-Worte* erzeugt.[36] Nur dieses durch

---

einer Schnittstelle lesen lassen, sich so überlappen und überschneiden, dass sie sich gegenseitig auslöschen, dass sie also keine Einheitsbedeutung zulassen.

[36] Oudee Dünkelsbühler, U., Zeugnis und Schrift: B(r)uchstaben an der Couch, Les Etats Généraux de la Psychanalyse

den ‚Strahlt-Punkt' Erhellte und durch die Katharsis körperhaft spürbar Gemachte und so aus dem Inneren Gehörte, sind die wahren *Pass-Worte*. Nur sie sind die aus dem Drang des ins Unbewusste Verdrängten entstehenden *Verlautungen*, die mit der Wahrheit des Unbewussten zu tun haben und ins Vorbewusste und schließlich durch die weitere Deutung ins Bewusste gelangen.

Vieles andere, das man ebenfalls hören kann, ist bedeutungslos und muss verworfen werden. Es genügt also nicht nur, dass die *Formel-Worte* rein formale Ausdrücke sind, die es in der üblichen Sprache so nicht gibt und die somit rein sprachlich das primär Unbewusste wecken. Es muss die Entspannung, die Katharsis, stark genug sein, um das Gehörte effektvoll zu machen. Nur das am Höhepunkt der Katharsis Wahrgenommene kann als Pass-Wort gelten. Das auch hier oben nebenan abgebildete RA-DIC-IT kein normales Wort aus dem Lateinischen, aber es beinhaltet mehrere sich überschneidende Bedeutungen in einer Formulierung, es ist „linguistisch kristallin" aufgebaut. Aber die *Pass-Worte* sind nicht unbedingt „linguistisch kristallin", sondern vor allem wahr.

Außer dem radiat und dicit (*Strahlt* und *Spricht*) ergeben sich im Kreis geschrieben und von verschiedenen Buchstaben aus gelesen mehrere unterschiedliche Bedeutungen. So können wir hier z. B. auch „adi cit r" (geh heran, es bewegt R) „C i

---

(2001), worin der Autor die elementarsten Schnitt- und Bruchstellen im psychoanalytischen Prozess meint, wie sie sich im Traum, bei Versprechern aber auch bei den *Formel-Worten* als Bedeutung haben.

tradi" (hundert I übergeben), „citra di" (diesseits die Götter), „dicit ra" (es sagt ra), „r adic it" (füge r hinzu, es geht), „radi cit" (gekratzt werden, es bewegt sich), „trad ici" (erzähle, ich habe getroffen) etc. herauslesen, wobei vieles recht unsinnig klingt. Dies hat jedoch für den formalen Ausdruck keinerlei Bedeutung. Ausschlaggebend ist hier nur, die wissenschaftliche Begründung (mehrere Bedeutungen in einer Formulierung, Verwendung mehrerer Schnittstellen) klar darlegen zu können, und dies ist für das Verfahren sehr wichtig, weil man nur so volles Vertrauen in die Methode haben kann. Vertrauen in einen Therapeuten allein genügt nicht, es muss durch klares Wissen gestützt sein.

Nochmals also: Es ist in bequemer Sitzhaltung und anfänglich bei geschlossenen oder halb geöffneten Augen ohne eigene Anstrengungen auf das *Strahlt* (,Scheint', ,Durchrieselt', ,Luzidität', ,Strahlt-Punkt') zu achten, während gleichzeitig langsam, monoton und rein gedanklich ein oder mehrere *Formel-Worte* hintereinander in Abständen und immer wieder neu wiederholt werden. Dies ist die erste Übung, die auf tatsächlichen Vorgaben der Psychoanalyse beruht, weil durch das mentale Reverberieren eine Regression (ein innerlicher Rückzug zu früheren psychischen Strukturen) erzeugt wird, die sich gleichzeitig nur auf einen eingeengten Aspekt des Erscheinungs-Wirkenden, bzw. des Schautriebs konzentriert und durch die *Formel-Worte* stabil gehalten wird.

Die *Formel-Wort*-Wiederholung setzt sich nämlich an die Stelle dessen, was man in der Psychoanalyse den Wiederholungszwang, das unbewusste Wiederholen, nennt. Dieses negative, unbewusste Wiederholen wird zumindest so lange aufgehoben, wie die Übungen der *Analytische Psychokatharsis* wirken. Ich habe schon im Haupttext angedeutet, dass dadurch eine wesentliche Hürde der klassischen

Psychoanalyse vereinfacht und vermindert wird, da der Wiederholungszwang ein tief verankerter seelischer Abwehrmechanismus ist. Durch den Wiederholungsvorgang beim Üben der *Formel-Worte* wird dieses Geschehen jedoch in einen konstruktiven, progressiven Vorgang umgewandelt. Gefühle eines sich stark weitenden Raumes, das Auftauchen von Erinnerungsbildern führen manchmal zu Ablenkungen, die aber einer weiteren Betrachtung nicht wert sind, sondern von denen nur deren Luzidität oder das ‚Durchrieseln' genossen werden kann, die sich in der Horizontalen ausbreiten, und die wichtig für das Erstellen der *Pass-Worte* sind.

Der Philosoph P. Sloterdijk sprach diesbezüglich von ‚Sphären',[37] die wieder an Lacans Topologien und ebenso dessen Sphäre erinnern, ein Begriff, mit dem er das Erscheinungs-Wirkende beschrieb.[38] Doch Sloterdijks Sphären kennen die Senkrechte nicht. Wenn es zu einer Katharsis kommt, zu einer Befreiungserfahrung und stärkeren Loslösung vom Körper, gerät man oft von selbst in die zweite Übung, in der man einen Ton, Klang, eine Silbe oder einen Kurzsatz von rechts oben im Kopf und wie von ferne her hörend wahrnimmt, was ich sogleich extra besprechen will. Kommt es nur zu einer simplen Entspannung, muss man – zum Beispiel nach zwanzig Minuten – einfach so in die zweite Übung von sich aus wechseln und sich auf den inneren Ton konzentrieren.

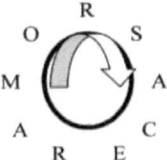

Nach dem R-A-D-I-C-I-T kann nun (weiterhin in der ersten Übung) auch O-R-S-A-C-E-R-A-M hinzugenommen werden, um dem Verfahren für einen ersten Versuch drei *Formel-Worte* zur Verfügung

---

[37] Sloterdijk, P., Sphären I – III, Suhrkamp (1998 bis 2004)
[38] Lacan, J., Seminar IX, Lektion von 23. 5. 1962

zu stellen. Im Formel-*Wort* stecken folgende Bedeutungen: C eram orsa (hundertfach war ich Beginnen, amo R sacer (ich liebe das heilige R), cera morsa (das zerstückelte Wachs), mors acer (der Tod ist bitter), amor sacer (die Liebe ist heilig) usw. Wie betont, kann man diese Bedeutungen gleich wieder vergessen. Wichtig ist nur zu verstehen, wie die *Formel-Worte* aufgebaut sind, sodass man wissenschaftlich-intellektuell das Verfahren jederzeit hinterfragen kann. Kommen irgendwelche Gefühle oder Ideen hoch, die unpassend sind oder Angst machen, kann man nachdenken oder sich weiter über das Verfahren belesen. Blinder Glaube ist nicht gefragt.[39]

Es sollte also auf die zweite Übung, auf das Nach-Innen-Hören, übergegangen werden, wenn die Erfahrung des Es *Strahlt* und der Katharsis genügend ausgeprägt ist, es sei denn, es ist schon – wie erwähnt – von selbst ein Übergang erfolgt. Gerade dieser spontane Übergang zeigt, dass es außer dem grundlegenden Dualismus des Erscheinungs-Blick- und Wort-Wirkenden nichts gibt, das Geltung hat, d. h., man kann in den Übungen nicht verloren gehen, da die *Formel-Worte* – solange man ihnen folgt – keinen anderen Ausweg zulassen. Mit dem zündenden kathartischen Es *Strahlt* gelingt im Unbewussten stets konkret der Wechsel (durch die ‚défilés du signifiant' hindurch) von der mehr bildhaften auf die mehr wortbezogene Seite, dem Es *Spricht*.

Das ist dann ein genau umgekehrter Vorgang wie in der Psychoanalyse, wo von der Wortbezogenheit zuerst ausgegangen

---

[39] Damit sind in diesem Buch drei *Formel-Worte* vermittelt, die zum Üben genügen. Eine Verbesserung kann man mit zwei weiteren zusätzlichen *Formel-Worten* erreichen, die auf der Webseite analytic-psychocatharsis.com angegeben sind.

wird, um zur psychoanalytisch sonst so schwer fassbaren, nicht-repräsentierten Bild-Blick-Bezogenheit zu kommen. Auf das wortbezogene Es *Spricht*, auf diese Körper-Echos, also auf ein von oben /rechts im Kopf herkommendes Verlauten, auf einen ‚Ton' aus dem tiefen Inneren muss man sich nunmehr konzentrieren. Allein schon der ‚Ton' errichtet einen Halt in der Vertikalen. Sloterdijk schrieb nur von der ‚Vertikalspannung', über die er sich fast etwas lustig machte, weil er nichts damit anzufangen wusste, weil sie ihm mythisch vorkam und er nur die Sozialhorizontale kennt.[40]

Doch es gibt diese Vertikale tatsächlich, sie entspricht einer Lotung, Haltung, Festigung, in einer unverrückbaren Zeit, die man mit der Geschlechterfolge und deren Sprache beschreiben kann (drei, vier Generationen genügen, aber noch deutlicher wird die Senkrechte durch die zigtausend Jahre alte Sprache). Dagegen steht die Horizontale mehr für die übliche, fortschreitende Zeit, die mal langsamer (in der Langeweile) und mal schneller (in der Kurzweil) verlaufen kann. Auch Lacan beschreibt diese Zeitmetren. Das in der Horizontalen verlaufende bezieht er auf die Spiegelungserfahrungen, auf das i(a), Bild des Begehrens-Objekts, auf die Mehrdimensionalität des Raums, während das Zeitmetrum in der Vertikalen das der Signifikanten, das Es *Spricht* ist, wie ich es mit dem A des *Anderen* bereits erwähnt habe. Deswegen kommen auch die *Pass-Worte* von oben, während die Katharsis, das atavistische ‚Durchrieseln' sich im Nacken-Rückenbereich seitlich hin abspielt.[41]

---

[124] Sloterdijk, P., Du musst dein Leben ändern, Suhrkamp (2009)
[41] Atavistisch deswegen, weil es sich oft auch durch ein tief bewegendes Musikstück auslösen lässt, und nicht durch gelehrsame Worte.

Es sind schließlich Buchstaben, besser noch (B(r)uchstaben), die aus diesem ‚typographischen' Raum herausklingen und die das Unbewusste dort gespeichert hält. Und genau in diesen Raum sind die *Formel-Worte* eingedrungen und haben diese Buchstaben geweckt und evoziert. Auch hier gilt wieder das Gleiche: Es handelt sich um einen ganz originären Aspekt des Entäußerungs- bzw. Sprechtriebes, der in jedem Menschen als Primärprozess vorhanden ist und im Unbewussten sogar die Form ganz knapper, kompakter „innerer Sätze", „ultrareduzierter Phrasen" annimmt (alles Begriffe Lacans für diese lautliche Erfahrung). Auch hier können anfänglich nur ein feines Rauschen, ein ferner Laut oder Ähnliches wahrgenommen werden, der Übende wird jedoch von Anfang an bemerken, dass es sich hier um eine Konzentration auf ein mehr oben-rechts oder oben-zentral im Kopf befindliches Hör-Sprech-System handelt, zu dem die ‚Echos des Körpers' Beziehung haben, auf die hier zurückgegriffen wird.[42]

Ich bin im Text vielfach darauf eingegangen, zu welchen mehr analytischen und damit auch weniger kathartischen Effekten diese zweite Übung führt. Es bleibt nicht beim einfachen Hören und Erfahren von inneren Lautphänomenen, sondern geht von Buchstabenfolgen bis hin zu kurzen Sätzen. Solche – von Lacan auch als „ultrareduzierte Phrasen" beschriebenen – Kurzsätze nenne ich *Pass-Worte*, Identitätsworte, weil sie, direkt aus dem Unbewussten kommend, natürlich mit der Identität des Übenden zu tun haben, mit dem „unmittelbar vorgefundenen Gegebenen", mit der Identität in

---

[42] Auch wenn das eigentliche Hör-Sprechsystem im Kopf linksseitig angelegt ist, ist eben rechtsseitig das mehr rudimentäre, musikalische, das prosodische und der Regression besser zugängliche Hör-Sprechsystem vorhanden.

dem Sinne, dass nunmehr speziell Verdrängtes, psychisch Abgespaltenes zur Wirkung kommt, so wie es im Freud'schen Versprecher auch der Fall ist. Dort tendiert ein verdrängtes Wort nach vorn und zwängt sich in ein bewusst ausgesprochenes Wort hinein – die typische Funktion des in der Psychoanalyse im Zentrum stehenden Begehrens.

Während man aber beim Versprecher und auch beim Traum versuchen muss, das verdrängte Wort durch Deutung herauszufinden, ist es im *Pass-Wort* gleich mit enthalten. Eine gewisse deutende Einordnung ins bewusste psychische Leben ist oft zudem nötig. Beispiele von *Pass-Worten* habe ich im Text geschildert. Jeder muss hier selbst ausprobieren, was er als *Pass-Wort* anerkennen kann. Manchmal ist es nämlich so, dass man erst fast im Nachhinein, in der Endphase der *Pass-Wort*-Erfahrung, des Phrase-Hörens, den Kurzsatz wahrnimmt. Manchmal scheint es ein sehr, sehr leiser Gedanke zu sein, der aber dennoch klar ist. Ich muss mich hier so diffus ausdrücken, trotzdem besteht an dem Phänomen kein Zweifel, und zwar sowohl von der psychoanalytischen Theorie her als auch von den zahlreichen Erfahrungen, die ich bisher sammeln konnte.

Ich weise nochmals darauf hin, dass nur ein am Höhepunkt der Katharsis wahrgenommenes Wort den Charakter eines *Pass-Wortes* hat. Gleichzeitig betone ich, dass beim Deuten der *Pass-Worte* – falls diese nicht von vornherein eindeutig sind – in zwei Richtungen geprüft werden kann: Hat es etwas mit dem Kausalen eines verdrängten Begehrens zu tun oder mit dem Finalen von etwas Kreativem? Oft gilt beides gleichermaßen. Ganz unverständliche *Pass-Worte* sollte man jedoch gleich verwerfen. Stets kann man bei jemandem, der Erfahrung mit der Methode hat, bei mir (g.vonhummel@web.de) oder einem entsprechenden Therapeuten nachfragen oder nachlesen, wie man mit den *Pass-Worten* am besten umgeht, wenn man glaubt das nötig zu haben.

Nochmals also: Nach der ersten Übung, dem gedanklichen Wiederholen mehrerer *Formel-Worte,* und bei gleichzeitigem Darauf-Achten, ob man ein *Strahlt*, eine Luzidität, ein ‚Durchrieseln', eine befreiende, kathartische Erfahrung, wahrnimmt, geht man – falls man nicht bereits spontan eine *Pass-Wort*-Erfahrung gemacht hat, evtl. nach zwanzig Minuten – zur zweiten Übung über. Hierbei konzentriert man sich auf den Laut, den Ton, das *Spricht* von oben oder rechts innen her. Bemerkt man, dass der *Strahlt*-Anteil beim Üben zu stark ausfällt, wechselt man zur *Spricht*-Übung und umgekehrt. Beide Übungen sind beliebig lange durchzuführen. Wie gesagt, genügen meist zweimal zwanzig Minuten. Der Wechsel von praktischer Erfahrung und theoretischem Denken ist wichtig, weil am Ende etwas Gemeinsames herauskommen wird: eine gedankliche Selbsterfahrung, eine praktische Logik, eine kathartische Analyse. Letztendlich finden beide Übungen zu einem inneren ‚Auftrag', einer Gewissheit, evtl. auch am Verfahren selbst weiter mitwirken zu können.

Nicht immer läuft alles glatt. Die erste Übung ist noch am einfachsten. Beim Wahrnehmen einer Luzidität trotz geschlossener Augen genügt schon allein das Darauf-Achten bei gleichzeitigem Wiederholen der *Formel-Worte*, dass sich über kurz oder lang eine ausreichende Katharsis einstellt. Schwierigkeit machen kann eher die zweite Übung oder auch das spontane Auftreten der Erfahrung des inneren ‚Tons', des inneren Hörens sein, das aus einem unbewussten Gedanken, einem *Pass-Wort* bestehen kann, wobei ich nochmals betonen muss, dass bereits das mentale Wiederholen der *Formel-Worte* ein unbewusstes Gespräch ist. Denn wer spricht in diesen Momenten, wenn nicht die Formulierung selbst, die automatisch aus der mangelnden Syntax heraus zu einer eben ganzheitlichen syntaktisch-semantischen Formulierung führen wird, zum *Pass-Wort*.

Und so geht es um eine Wissenschaft, an der jeder teilnehmen kann. Schon Freud hatte sich dafür ausgesprochen, dass die Psychoanalyse auch von Laien erlernt und ausgeübt werden kann. Das Übergewicht von Akademikern, insbesondere von Ärzten, hat diese Anregungen des eigenen Gründervaters Freud nicht ernst genommen. Universitäre, scholastische Strebungen beherrschen daher von Anfang an die Psychoanalyse, die ja auch für die *Analytische Psychokatharsis* wichtig ist. Aber hier behindert nicht ein System von Klüngel-Vereinen und hierarchisch gestaffelten Organisationen den persönlichen Fortschritt. Wie Lacan, der seine eigene Organisation am Ende seines Lebens aufgelöst hat, damit nichts zu stark Institutionelles Vorrang vor freier Mitarbeit gewinnt, habe ich bisher hinsichtlich der *Analytischen Psychokatharsis* keine Organisation und keinen Verein gegründet.

Ich hoffe, dass dies auch nicht nötig ist. Wer die *Analytische Psychokatharsis* ausgeübt und ihre Wirkung erfahren hat, weiß, womit er es zu tun hat und wie er es notfalls auch anderen vermitteln kann. Die Grundlagen sind in zahlreichen Büchern von mir, in psychoanalytischer Literatur und auch in soliden, wenn auch nicht wissenschaftlich korrekten, so doch seriösen Texten über die Anwendung von meditativen Verfahren beschrieben. Davon unbeachtet bleibt natürlich der Kern der *Analytischen Psychokatharsis* weisungsbestimmend.

Dieser Kern besteht vor in der Verbindung des Erscheinungs- und Wort-Wirkenden, des Es *Strahlt/Spricht* in den zwei grundlegenden Übungen, wobei diese Verbindung nur gelingt, wenn man verstanden und erfahren hat, dass durch die

Katharsis der ersten Übung die Kraft, die Höhe, die Intensität geschaffen wird, die in der zweiten Übung dazu führt, dass das Unbewusste die entsprechenden *Pass-Worte* freigibt. Etwas Derartiges existiert in der herkömmlichen Psychoanalyse und in allen Meditationsverfahren nicht. In der Psychoanalyse gelingt es deswegen nicht, weil die Psychoanalytiker eine Masse an gleichwertigen Ich-Idealen bilden, die die Patienten auch als ihr Ich-Ideal übernehmen, sodass man sich in gegenseitigen Übertragungen festsetzt, die ja eigentlich aufgelöst werden müssten.[43]

In den herkömmlichen Meditationen findet ein ähnlicher Vorgang statt: Der Lehrer, Guru, wird sofort durch einen Nachfolger ersetzt, so wie die Kirche es mit dem Papst handhabt. Die Übertragung, die mit der Unterstellung einhergeht, dass der Lehrer, Meister, Guru hypothetische und grandiose Fähigkeiten besitzt, wird nicht aufgelöst. Alle diese Persönlichkeiten in Psychoanalyse und Meditation müssen sich aus der Beziehung herauslösen, sich mit ihrem Ich-Ideal endgültig aus dem Spiel bringen, vor allem auch der betroffene Proband selbst – ganz analog dazu – die Übertragung auflösen muss. Doch innerhalb all dieser Communitys, ja fast Geheimbünde, gelingt dies nicht zur Genüge, und in Religion, Meditation und ähnlichen Verfahren wird darauf überhaupt nicht geachtet.

Der Einzelne ist gefragt, nur er kann, freilich mit zur Verfügung gestellten, wissenschaftlich rein f o r m a l e n Grundlagen, mittels der *Formel-Worte* die Übertragung bearbeiten und eine Lösung mittels der *Pass-Worte* erreichen. Ich halte das für die derzeit beste Möglichkeit, die Wissenschaft v o m Subjekt weiter voranzubringen, weil nur sie sich gegen die

---

[43] Lacan, J., Seminar VIII, Passagen Verlag (2008) S. 407

materialistische Naturwissenschaft stellen und die allseits gut gemeinten Argumente von Politikern, Philosophen, Sozialwissenschaftlern und Literaten überbieten kann. Auch wenn dies wie ein Kampf von David gegen Goliat aussieht, man muss es schon deshalb riskieren, weil man dabei auch selbst an Reife und Wahrheitserkenntnis gewinnt.

Denn diese ist notwendig, wenn man – was der Sinn dieses Buches war – in der heutigen Gesellschaft, Politik und staatlicher Verfassung verantwortungsvoll und demokratisch agieren will. Weder die Zugehörigkeit zu einer politischen Partei noch konstruktive Aussagen in Wort und Bild zu den für die Menschheit wichtigen Themen der heutigen Zeit erreichen diesbezüglich etwas Entscheidendes. Ohne Selbstanalyse des Einzelnen ist kein Erfolg möglich.

Weitere Bücher des Autors aus dem MCS-Verlag

Die körperlich kranke Seele I und II

In diesen jeweils nur 70 Seiten langen Broschüren beschreibt der Autor das Verfahren der *Analytischen Psychokatharsis* knapp und praxisnahe. Während es im Teil I um allgemeine Erklärungen geht, wird im Teil II das Verfahren aus seiner biographischen Entstehung her und mit seiner Praxis erneut dargestellt. Beide Broschüren sind im Buchhandel zu bekommen, aber auch frei von der genannten Webseite herunterladbar.

‚teetrunken', Essays vom ‚dreiteilig einigen Menschen'

Anhand der Beschreibung von zwanzig mittleren Bergtouren versucht der Autor das Wesen des von ihm entwickelten Meditationsverfahrens zu vermitteln. Zum ersten Mal wird Meditation hier auf wissenschaftliche Weise begründet. Ausgangspunkt stellt die Lehre des Psychoanalytikers O. Graf Wittgenstein dar, der davon ausging, dass der Mensch in sich drei Teile birgt, die er nur verschiedentlich zu einer Einheit bzw. einheitlichen Persönlichkeit verbinden kann. Die letztliche und ideale Einheit nennt er den 'Trialog'

Analytische Psychokatharsis Psychoanalytische Theorie und kathartische Meditation können nicht einfach ineinander überführt werden. Setzt man beide Verfahren aber durch ein entscheidendes Element (einen „linguistischen Kristall") in Beziehung, lässt sich ein eigenes neues Verfahren begründen. Die Psychoanalyse und die meditativen Methoden werden diskutiert, und die Praxis des eigenen Verfahrens wird ausführlich beschrieben.

SIGNIFIKANT Gott?
Schon die unterschiedliche Groß- Kleinschreibung provoziert, dass der SIGNIFIKANT (Bezeichner, Bedeutender), ein Begriff aus der Linguistik, wichtiger sein könnte, als die altehrwürdige Vokabel Gott. Der Autor zeigt, dass Jesus ein Vorläufer der modernen Psychotherapie war und somit sein Vorgehen auch für die heutige Psychoanalyse genutzt werden kann.

Der leere Geist und die KI.
Zwischen psychotherapeutischen Methoden und der künstlichen Intelligenz (KI) gibt es kaum Vergleichsmöglichkeiten. In der Psychoanalyse J. Lacans wird in der der rechnerische Intellekt der KI zwar gewürdigt, aber durch einen ‚der Liebe unterstellten Intellekt' ersetzt wird, in dem der Einzelne wieder zum Zug kommt. Ein neues Verfahren führt in die Wissenschaft zur Seele des Einzelnen zurück und gibt ihr durch die KI doch neue Impulse.

Yoga und Psychoanalyse
An Hand einer wissenschaftlichen Biographie des Religionswissenschaftlers und Yogalehrers Kirpal Singh (Surat Shabd Yoga) werden alle Yogaformen von der Seite der Psychoanalyse her betrachtet. Es ergibt sich die Notwendigkeit ein eigenes Verfahren zu begründen, das der Autor auch *Analytische Psychokatharsis* nennt. Zahlreiche Bilder und Schemata machen das Buch anschaulich.

Liste anderer Werke des Autors im MCS-Verlag

Herz-Sprache, Eine Psychoanalyse des Herzens
Politik / Therapie, Begreifen, was man schon weiß - wie Politik therapeutisch zu denken wäre
Das autochthone Genießen, Essays zu einem neuen selbstanalytischen Verfahren
Zweimal den Tod überlisten, Ein Traktat zu Sisyphos, und wie man das Sterben heute meistert
Siddharthas Wiederkehr, Ein wissenschaftlicher Roman – eine Anregung zur Selbsttherapie
Nach Lacan, Über Physik, Psychoanalyse und die Metapher des Genießens – eine Selbstpraxis
interhot, Gespräche mit dem Unbewussten
Das Gerade und das Gekrümmte, Die Behandlung einer Psychose
Die Mathematik des Eros, Die ‚perfektoiden Räume' des Unbewussten – eine Selbstpraxis
Psychoanalyse / Meditation, Vergleich und Anleitung
Jesus und die Frauen, Wege von damals und heute zur selbstanalytischen Praxis
Nachts im Notdienst fahren, ärztliche und psychologische Reflexionen
Wissenschaftlich begründet Meditieren, Eine Praxis ohne Glaube, Mythos oder subjektive Gewissheit